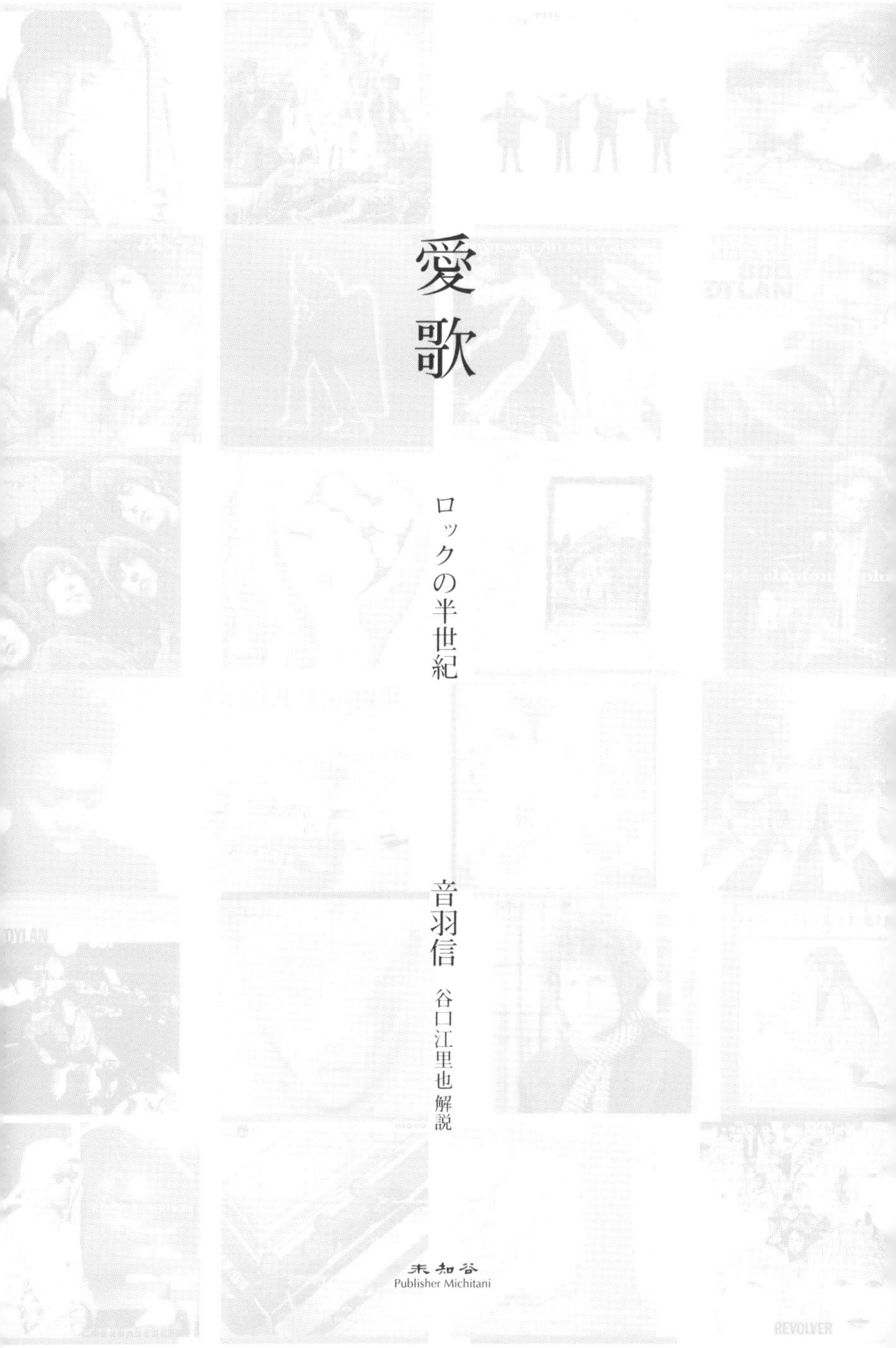

愛歌

ロックの半世紀

音羽信
谷口江里也 解説

未知谷
Publisher Michitani

この本について

音羽信

六〇年代にビッグバンともいうべき大爆発を起こし
ロックが音楽情況のみならず社会や文化シーンを一変させてから
すでに半世紀が過ぎた。

ロックの良さは
基本的に音と言葉とが一体となった歌であり
音楽としての完成度を求めるだけではなく
常にどこか、もっと心身が活き活きとする場所を求め
果敢にそこへ向かおうとする
意志を発信しているからにほかならない。
少なくとも私にとってロックはそういうものだったし

2

ここで紹介する歌たちはすべて、そんな意志に満ちている。

人は愛を知らなければ生き延びてこられなかったし
美を知らなければ人になれなかった。
歌は、人が人であり続けるために
最も大切なことが重なり合うところにあって
なぜか他者と想いを共有できる心と
命が何によって輝くかを心身で知る人々に
太古の昔から寄り添ってきた。
歌がなければ人は、昨日や明日や今や自分を持て余して
とっくの昔に絶滅していたかもしれない。

ロックでは愛と美が基本的に
明日の方を向いて歌われている。
大きな意味での愛をテーマとしながら美を目指し
その対極にある醜さや、憎しみや、戦争や、暴力を嫌悪し
人を人として愛することや
心身の安らぎや

今や明日へのときめきがなければ
人は美と触れ合えないし
命も輝かないと歌い続けてきた。

だからロックは歌の本来の力を復活させ
国や地域の違いをこえて
地球という唯一無二の星の上で生きる私たちの心身をとらえ
愛と美と平和を求める人たちに共通の
新たな地球言語として
世界中に鳴り響いた。

私たちはいま
新たな時代の新たな可能性を求めて
新たなチャレンジをしなくてはならない時代を生きている。
それはロックがいちはやく見つめて
果敢に切り開こうとした地平だ。

しかしいま

多くの国々の愚鈍な治世者たちや
強欲な既得権者たちなどが
人の愛のありようや
新たな時代への展望を描くことなく
悲惨な戦争を繰り広げた20世紀のような
時代錯誤の妄想や利権や覇権争いの泥沼のなかで
醜い争いや虚言を振りまき続け
暴力や強欲や陰謀や不信や悪意、絶望が渦巻く悲惨な状況を
さらに悪化させようとしている。

ディランやビートルズやストーンズと同じ時代を
愛と美と平和と変革を求める時代を共に生きてきたことは
とりあえず良かったとは思うけれど
そしてこれからもそう思い続けたいとは思うけれど
ただ、そう感じ続けるには
いまいったい何が必要なのか?
できることなら明日に憂いを残さず
命をより輝かせるにはどうすればいいのか?

それを考えるためにも
ロックの半世紀のなかで私と触れあい
私の心身に強く響いた広い意味での愛を歌った愛歌と
それを生み出した人と時を
いまいちど見つめなおしてみたい。
そう思って
ニールヤングではないけれど
Rock'n'roll can never Die
とつぶやきながら書いたのがこの本である。
ロックの心《スピリッツ》や
多くの素晴らしい歌が
どのような時のなかで、なにを見て
どこに向かって歌われたのかということに
若い人たちが触れ合うきっかけに
この本がなってくれればとも想いながら……。

愛歌　目次

第四フェーズ　**アナザー・ドリーム　1968〜1969**

第五フェーズ　**アフター・ザ・ゴールドラッシュ　1970**

第十フェーズ　夜がまだ若かった頃　1997〜2016

愛歌

ロックの半世紀

第一フェーズ

ビッグバン

1962～1964

1962

朝日のあたる家
ボブ・ディラン

1962年。甘い声やきれいな音色の、まさしく軽音楽という言葉がぴったりの音が蔓延《まんえん》していたこの年に、ラジオから流れてきたディランのファーストアルバム『ボブ・ディラン（Bob Dylan）』のなかの、『朝日のあたる家（House of the Risin' Sun）』を聴いた時、声にせよ歌い方にせよ、なんて不思議な人なんだろうと感じた。

わざと下手に歌っているのではないかとさえ思ったが、中学生だった私の心に、シンプルなギターだけの演奏、妙に懸命な歌い方、そして歌と言葉が、なぜか不思議と染みた。

その時は、ボブ・ディランが、その後のミュージックシーンとロック・ムーヴメントを、半世紀以上も牽《けん》引《いん》し続ける存在になるとは、ましてやノーベル文学賞まで受賞することになるとは、もちろん思わなかった。

中学校の二年生だった私は、その頃、たまたま聴いたラジオのポップミュージックが気に入り、夜中になるとこっそりラジオを聴くようになっていた。

流行《はや》っていたのは、デル・シャノンの『悲しき街角』、トーケンズの『ライオンは寝ている』、シェリー・フェブレーの『ジョニー・エンジェル』、レイ・チャールスの『愛さずにはいられない』、リトル・エヴァの『ロコ・モーション』、フォー・シーズンスの『シェリー』などで、いまにして思えば、どことなくロック爆発前夜の気配が漂っていたといえなくもない。

しかし、とても歌が上手なプレスリーや、とろけるような甘い声の歌手たちや、パーシーフェイスの夢心地ストリングスなどのなかで、ディランの『朝日のあたる家』は、まったく異質の何かだった。

後になって、その歌い方は、ニューヨークで歌い始めたディランが、ライブハウス仲間の歌い方を取り入れたものだということを知ったが、その時はもちろん、それはディランの独創だと思っていた。

その後、やたらとオリジナリティということが話題になり始める。しかし考えてみれば、人がつくるものに、まったくのオリジナルなんてない。ディランのような孤高の天才でもそれは同じだ。私たちの顔のつくりや体の形はもちろん、話す言葉も仕草も、ほとんど過去からもらったものでできている。

文化だって、真似することで受け継がれていく。そして、誰かの何かをカッコいいと思い、それに憧れることで、人は、親や親戚や近所や学校などの、狭い範囲の世界でいつの間にかつくられた自分の殻を自らが破って、もう一人の自分に向かって歩み始める。憧れの向こうを目指す。

だからロバート・ジンマーマン青年もまた、ウッディ・ガスリーをはじめとする、多くの先人たちに憧れ、すでに活躍している友人たちに圧倒されながらも、それに近づき、そして超えようとすることで、ボブ・ディランになった。

けれど、たとえ誰かを目指したとしても、人は誰でも、ほんの少しだけ、ほかの人とはどこか違う。その違う部分に目をとめれば、不思議なことに、同じ人などどこにもいない。

愛についても同じことがいえる。ロックにも愛の歌は多く、愛が人間にとって最も大切な何かだということはハッキリしている。しかし、そこで歌われている愛のかたちは、みんな違う。そこに人と愛、そして歌の不思議さがある。

ニューオーリンズの下町に
ライジング・サンと呼ばれている家がある。
たくさんの貧しい娘たちを破滅させる家。

それに、作者不詳の古いトラディショナルソングを歌ったこの歌の歌詞は分かりやすかった。英語を習い始めたばかりの私にも、辞書で調べれば、なんとか理解できる平易な物語性があった。

だけど私の足はいま
片方がプラットホームに
そうしてもう片方が汽車の上。
またニューオーリンズに戻ろうとしている。
あの家で囲われて生きるために。

子ども心にも、いったんはニューオリンズを逃げ出した、昔は娼婦だったこの女の人が、娘にはそうならないでと願いながらも、また、もとの生活に戻ろうとしていることはわかった。

汽車のステップに乗せてしまった足と、プラットホームの上の足。そんなところに行っちゃいけないと思

私もその中の一人。
ああ神さま、私もその中の一人。

この歌では、社会の底辺で、絶望と後悔を抱えながら、それでも生きようとする女のなかの残り火のような愛が、あるいは命が、かろうじて女をこの世につなぎとめている。

遠いアメリカのニューオーリンズの娼婦の館の現実などというものが、日本の北陸の加賀の地で生まれ育った中学生にわかるはずが無い。けれど、この歌声には、私の心にダイレクトに触れてくる何かがあった。それは歌でなければ、感じ取れない何かだった。

修道女《シスター》さまお願いだから
私の娘に言ってあげて。
私みたいにならないでと。
ライジング・サンと呼ばれている家だけには
近よらないでと。

う心と、なのに向かってしまう心とに、その人が引き裂かれそうになっているんだということも、強く切々と歌われる情景をとおして、なぜか痛いほどわかった。

　遠い世界のどこかには、こんな気持を抱えて生きている人がいるんだとも思った。それが歌の力だなどという小賢《こざか》しい分別は、もちろん、そのころはまだなかったが、それでもディランは、私の心に強く、ダイレクトに語りかけてきた。


　ちなみにこの年、世界では、一触即発のいわゆるキューバ危機が、ケネディとフルシチョフの直接対話によって回避され、マリリン・モンローが急死し、ビートルズがデビューした。

　レイチェル・カーソンの『沈黙の春』が出版され、日本では、堀江謙一がヨットでの単独太平洋横断に成功し、植木等の『ニッポン無責任時代』が封切られた。


　ともあれ私は、この歌によって、なにも青春の淡い恋にまつわる感情だけが、愛ではないんだということを、そのようなことを言葉にするだけが歌ではないことを、学んだ。

　そしてこの歌は、二年後に、アニマルズのエリック・バートンの圧倒的なヴォーカルが鳴り響く、歌の主人公を男に変えたヴァージョンによって、世界中に知れ渡ることになる。

1963

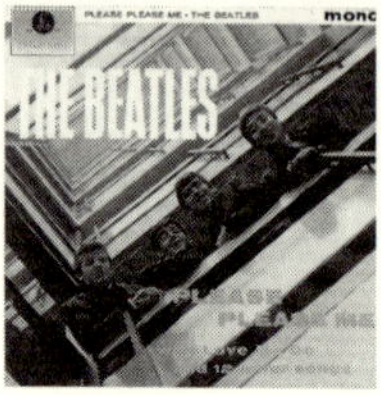

プリーズ・プリーズ・ミー
ザ・ビートルズ

1963年。ラジオから流れてきたこの歌のイントロを聞いた瞬間に、私は身も心も奪われて、それからというもの、夜な夜な、ひたすらビートルズの曲を追い求めて、必死でラジオにかじりついている私が、いつのまにかいた。

母親が英会話の勉強のために買ってくれた、発売されたばかりのソニーのテープレコーダーは、夜中にこっそりビートルズを録るためにつかわれるだけになってしまった。

二階の部屋で、勉強はそっちのけで、親に気付かれないようにビートルズを録音するということ自体がすでに秘密めいていたが、北陸の片田舎で、夜中にビートルズにとち狂っているような子どもは私のまわりにはおらず、遠く遥かなイギリスで誕生したビートルズの歌を、一人でこっそり聞くことは、私にとってはドキドキものの、誰にも言えない、ワクワク胸が躍《おど》る、とっておきの秘密だった。

昨日の晩、あの娘に言ってやったんだ。
君は一度も
やってみようとさえしないじゃないかって。
カモン、カモン、カモン、カモン。
ねえ、お願いだから、ねえ
だって君のこと、大好きなんだもん。

リバプールの労働者階級の悪ガキたち。こんなあっぴろげな、ひよっこたちの普段の会話そのもののような歌詞を書く連中が、やがて歴史的な音楽家、さらにはそれ以上の存在になって、社会全体の価値観や時代の変化をリードしていくことになるなんて、誰が想像しただろう。

　しかし、この等身大の、実にストレートな生身の表現は、当時のポップスに蔓延《まんえん》していた、お嬢ちゃまとお坊《ぼっ》ちゃまの、あり得ないほど甘ったるい、おままごとのような、たとえば、そのころ流行っていたポールとポーラの『ヘイ・ポーラ』のような恋愛ごっこを、一瞬にしてしらけさせてしまうほどの強いインパクトを持っていた。

　もちろん私だけではない。世界中の少年少女たちが、ビートルズの歌を耳にした瞬間からビートルズの虜《とりこ》になった。それは、したり顔をした大人たちが、金もうけのためにつくったようなものではなく、同じようにひよっこだったけれども、新鮮なものに飢えていた私（たち）の気分に、ぴったりだった。

君ってさ、愛してるってことを
僕にわかってほしいとか思わないわけ？
どうして僕ばっかりが
好きだ、好きだって言ってなくちゃいけないわけ？
カモン、カモン、カモン、カモン。
ねえ、お願いだから、ねえ
だって君のこと、大好きなんだもん。

　どこにでもいるような若者の、実にストレートなこの愛歌は、一月に発表され、世界中にビートルズ旋風を巻き起こしたが、ビートルズはこのあと矢継ぎ早にシングルヒットを飛ばす。

　それまでは、ポップスのヒット曲の寿命はかなり長く、しばらくは同じ歌がラジオで流れるのがふつうだったが、ビートルズは違った。たたみかけるように新曲を発表し続け、しかも生ぬるいイントロなんてそっちのけで、いきなり全力疾走で歌に入っていくビートルズには、ほかの誰とも比べられない新鮮で強烈な勢いがあった。

いまにして思えばそこから、私（たち）は、ビートルズと共に、ロックと共に、時代と共に生き始めた。ともあれ彼らの最初のアルバム『プリーズ・プリーズ・ミー』は、初期のビートルズらしさ満載だった。

ちなみにこの年、八月に、ワシントンで二〇万人もの人々が参加した人種差別に反対するデモのフィナーレで、キング牧師の有名な「私には夢がある……」の演説が行われた。十一月には、日米ではじめての衛星テレビ中継の最中にケネディ大統領が暗殺され、その映像が、何度も何度もテレビで流れた。

ケネディ大統領の暗殺は、いまにして思えば、変わろうとし始めた時代のなかで、アメリカ合衆国の既存の体制や秩序や価値観を維持し続けようとする権力とそれを支える社会、軍事産業などの既得権者たちが、新たな時代への変化を、暴力を使ってでも阻止しようとして、傲慢、横暴、偏見、強欲、焦りなどを混じりあわせて起こした悲劇だった。つまりそれは、新旧の

軋轢《あつれき》が極まったことを表す、一つの象徴的な、そして、あってはならない犯罪だった。

1964

テルミー
ザ・ローリング・ストーンズ

1964年。ディランやビートルズとともに音楽シーンに登場した、悪ぶった不良少年の集まりのようなローリング・ストーンズもまた、ヒットチャートに歌を送り込み始める。彼らのファーストアルバム『ザ・ローリング・ストーンズ』に収録された『テルミー（Tell Me）』は、ミックとキースという、未来の超合金コンビによる、アルバム唯一のオリジナル曲。

　ほかの娘に手を出したせいで去って行ってしまった彼女への、未練いっぱいの愛歌。ちょっと惨めな感じの強がりがミック的。

戻ってきてよ、僕のところに。
君を、もう一度、愛したい。
そんなこと無理よって
僕のせいで君がそう思ってるのは分かってる。
だけど今度こそ、ちがうんだ。
ねえ戻ってきてくれたら
きっと分からせてあげるから。
僕のところに、戻るって言って！
ねえ、お願いだから
僕のところに、戻るって言って！

　戻ってくるはずもない彼女のことだからこそ歌になる。バツの悪さもカッコ悪さも、見栄を張ったり、逆に恥を承知で歌い飛ばしてしまえば何とか凌《しの》げる、とでも言いたそうな、いかにもミックらしい歌。曲の中に何度も出てくる、Ａｈ！という溜め息のようなミックの声と歌の内容とのバランスが抜群。

僕らは結局、てきとうだったって君は言ったけど
だから別れちゃったわけだけど
でも、こういっちゃ何だけど
君は僕のこと、分かろうとしなかったじゃん。
だから今度は違うと思うよ。
結局、同じことになっちゃうかもしれないけど……

　ロックバンドの面白さの一つは、遊び仲間がつるんで始めたことが、いつのまにやらサマになり、それを続けていくうちにやがて、比類なき個性と不動の存在感を持つようにさえなることだ。

　ポールとジョン、ミックとキースの組み合わせは奇跡だが、それも最初は、どこにでも転がっているようなひとつの出会い。それでもそこから、ビートルズやストーンズが育ち得るところに、若者の可能性があり、それは、人間なら誰もがどこかに秘めている不思議な、そして素敵な力の証だ。

　人は誰でも何かを誰かと分かち合いたい想いを持っている。そして同時に人は、自分が少しだけ他人とは違っていたいとも思っている。異る個性が共に何かを目指すことで、それによって個の枠を超えることで、多くの人々の心に届く何かが見つかる。

1964

時代は変わる
ボブ・ディラン

同じ年、ディランが三枚目のアルバム『時代は変わる（The Times They are A-Changin'）』を発表した。

ディランは前年、『Blowin' In The Wind（風に吹かれて）』や『Girl From The North Country（北国の少女）』や『Don't Think Twice, It's All Right（くよくよするな）』などのディランを代表する歌、そしてディランの多くの歌のなかでも最も豊かな詩情にあふれた歌の一つ『A Hard Rain's A-Gonna Fall（激しい雨が降る）』を収めたアルバム『フリーホイリーン（The Freewheelin'）』を発表して、ディランが単に過去を継承するフォークシンガーではなく、新たな時代の新たな吟遊詩人、しかも、彼が見た今を明日に向けて自らの言葉で音と共に物語る、現代を生きる詩人だということを世に示したばかりだった。

なかでも「どこへ行ってきたの、青い目をした私の坊や」という歌詞で始まる『A Hard Rain's A-Gonna Fall』は、そのあとに続く5番まである歌詞のなかで、「なにを見てきたの？」「なにを聴いてきたの？」「どんな人に会ったの？」「なにをするの？」と問いかけ、それに対して、その子が見聞きしたたくさんのことを、まるで目の前に世界のあらゆる情景を描写するかのように、見事に韻を踏みながら、たたみかけるように歌い語る美しい歌で、語りの後に「激しい雨が、激しく激しい雨が、いまにも降ろうとしている」というフレーズが何度も繰り返される。

それは、それまでの多くの歌のように、小さな物語を体裁よくまとめあげるのではなく、イメージがどこまでも広がり、私たちの今と重なりあいながら、無数の物語や遥かな時空につながっていくような豊饒な歌だった。もしもディランがいなければ、ロックがここまでの詩的な広がりを持つことはなかっただろう。それは同時に、文化的なムーヴメントにおいて一人ひとりの果しうる役割が、どれだけ大きな可能性を秘めているかを、逆に表している。

そしてディランは、彼のもう一つの代表作、ディランの代名詞ともいうべき変化への愛歌『時代は変わる』を収めたこのアルバムでさらに前へと進んだ。

愛の対象は何も異性だけではない。人は広い意味での美や、それにまつわるさまざまなものやことやイメージや価値や、普遍的な何かを愛する。だから人類は、子孫だけではなく、人の証《あかし》ともいえる文化やアートや街を創り遺《のこ》せた。そしてディランほど、多くの愛のありようを歌にしてきたアーティストはいない。そのことがロックのフィールドを大きく広げ、そして飛躍的に高めた。

ディランのアルバムには、彼のポートレートを用いたものが多いが、それにしても、モノトーンのこのアルバムの、ディランの顔の変化には驚いた。それまでのカラーの、幼さをのこした表情の二枚とくらべ、この硬い表情のディランは、まるで別人のように見えた。

あちらこちらをうろついているみなさん。
みんな集まって
この歌を聞いてほしい。
君たちのまわりにある水の量が
どんどん増えてきているんだよ。
そのうちあっというまに
誰もがみんな骨まで水浸しになってしまう。
だから君がもし
自分の人生は救うに値するものだ
とか思っているなら
さっさと泳ぎ始めなくっちゃ。
あるいは石みたいに

国中のお母さんたちやお父さんたち
自分が分からないからって非難したりしちゃいけない。
息子や娘たちは
あなたがたの指図《さしず》なんか聞きやしない。
あなたがたが歩いてきた道は
もうすぐ新しい道につくり変えられるんだから。
もし手を貸してくれないのなら
邪魔だけはしないでね。
だって時代は変わる。
新しい道筋はもう見えている。
呪われていたはずのものに光が見えたりするし
遅かったはずのものが
いつのまにやら速かったりもする。
いま新しく見えたものもすぐに古びたりして
ありとあらゆることのありようや
その順番だってすぐに
どうしてそうだったのかさえ分からなくなる。
ずっと水の底に沈んでいられるようにならなくっちゃ。
だって時代はいつだって
変わっているんだから。

繰り返すが、ディランほど変化を愛するアーティストはいない。ディランはまるで恋人を愛するように、あるいはそれ以上に変化を愛する。しかし考えてみれば、時が刻々と変わるように、風が二度と同じようには吹かないように、この世のすべては変化する。変化しなければ、それは死んだということだ。

だから、ディランは変化こそが自らの生きている証だといわんばかりに、自然体で変化し続ける。そしてそのことがディランをつくり、ロックをつくった。

この歌もまた、ウッディ・ガスリーやピート・シーガーなどのアメリカンフォークのメッセージソングの典型的な歌い出しと表現スタイルを持ち、韻を踏んだ言葉もちゃんと用いているが、しかしその内容は、すでに多くの、ディラン的なものに満ちている。

先頭を走っていたものも、いつのまにやらビリになる。
だって時代っていうのは
変わり続けるものなんだから。

風の中に、新たな変化を感じとる者こそが、時代と共に生きていける。時代とは、想いを共有する人々の心に映る不思議な情景。

時代は映画のシーンのように固定《フィックス》されたものでも、逃げ込むための甘美な記憶の檻《おり》でもない。時代もまた生きていて、そんな時代と共に生きてこそロック、そしてディラン。

スペイン革のスペインブーツ
ボブ・ディラン

同じアルバムのなかの『スペイン革のスペインブーツ（Boots of Spanish leather）』は、恋人を残して旅に出る男と恋人との対話形式の歌。形式と印象的なフレーズを使いこなすことが上手なディランらしい美しい愛歌。

恋人よ、僕は船に乗って
遠いところに旅に出る。
朝になったら、僕は船に乗って旅に出る。
だから
海の向こうの、僕が上陸する場所から

なにか僕が送ってあげられる物があったら言って。
いいえ、愛する人。
なんにも送ってくれなくっていい。
ほしい物なんて何もない。
ただ、たった一人で海を渡るあなたが
ちゃんと向こうに着いて、そして
無事に帰ってきてくれさえしたら……

　ディランは歌をつくるにあたって、一般に思われているより、はるかに形式を尊重する。韻だってちゃんと踏む。この歌も典型的な対話形式のラブソングだ。誰だっていろんなことを学び、身につけながら何者かになっていく。

　ディランの2枚目のアルバム『フリーホイーリン（Freewheelin'）』のアルバムのジャケットに映っている当時の恋人のスーザン・ロトロが、イタリアに行ってしまった喪失感がきっかけになっていると思われるが、それを立場を逆転させた歌にしているところに、若きディランの強がりや、もしかしたらスーザンの愛が冷めてしまったのではないかという不安のようなものも感じられる。

そうは言っても
何か素敵な
君のほしい物でもあったらと思ってね。
銀とか金でできた物とかね。
マドリッドからとか
バルセローナの海辺からとかさ。

いいえ、もし私に夜空がくれた星や
深い海の底がくれたダイヤモンドがあったとしても
でも、そんなものはみんな
あなたが甘いキスをしてくれるのなら
捨てちゃってもいい。

旅先から何かを送るという男に、女は、何もいらない、あなたが側にいてくれればそれでいい。どうしても旅に出るというのなら、どうか無事に帰ってきて欲しいと言う。そんなやり取りが続くなかで、女は、どうやら恋人の自分への愛が、冷めてしまったのだと感じる。

わかったわ、そんなふうに言うのなら
きっとあなたの気持はここにはない。
あなたの心のなかには
もう私はいない。
これからのことで、あなたの心はいっぱい。

だから、だから、気をつけて。
西の風には、気をつけて。
それと
あなたが送ってくれるって言った何かだけど
そうね、じゃあ

スペイン革のスペインブーツを。

松本隆の作詞による『木綿のハンカチーフ』は、おそらくこの歌にインスパイアされていると思われるが、俳句もブルース・コードも、表現における形式の面白さは、モデルとなるべき型があることで、むしろ、かえって自由になれることだ。しかしディランは、やがて自ら、あらゆる形式や既成概念の枠をはみ出ていく。

ちなみに私は、この歌の「バールセ♪ローナー♪」という音の響きの良さに惹かれて、やがてスペインに渡ることになる。

第二フェーズ

イエスタディ

1965～1966

1965

イエスタディ
ザ・ビートルズ

爆走するビートルズは、この年、早くも彼らの五枚目のアルバム『Help!』をリリースする。『イエスタディ（Yesterday）』はその中の、ビートルズに対する評価を一変させることになった歌。

ヨーロッパではすでにビートルズ旋風が吹き荒れていたが、なぜかポップスの本場ともいうべきアメリカでは、当初、ビートルズの人気はいまいちだった。しかしこの年、ビートルズがアメリカに上陸して、エドサリバンショーに出演したり、各地でコンサートを行なったのを機に人気が爆発し、音楽業界誌キャッシュボックスのヒットチャートの、上位五位までをビートルズが独占するという空前絶後の記録を打ち立てた。すでに高校一年生になっていた私は、ラジオの前で、その快挙に興奮した。

この年にはビートルズの映画『ビートルズがやって来るヤァ！ヤァ！ヤァ！』も封切られ、もちろん私はすぐに観にいった。

高校の同じクラスには、後に音楽家になる久保田麻琴がいて、ジャズに狂っていた彼は、自らジャズバンドを編成していて、すでにプロのような演奏をしていたが、私は相変わらずロックに狂っていた。たまたま彼の家が映画館を経営していたこともあって、私は彼から無料入場券をもらって、何度もビートルズを観にいった。

しかしそのころはまだ、ビートルズの人気は田舎ではあまりなく、私が入った高校では、進学校だったからということもあるのか、中学の時と同じように、ビートルズなどに心を奪われているような同級生はほとんどいなかった。

人気があったのはむしろプレスリーで、ビートルズなんかすぐに消えるよ、という同級生の言葉にむかついたりなどしながら、がらんとした映画館の中で、私はいつも一人で映画を見た。映画のなかでは、ちょっと微笑ましいペーソス感やユーモアが漂うリンゴが、とても印象的だった。

ニュースフィルムにもビートルズが出てくるのが嬉しく、アメリカに上陸して飛行機のタラップを降りてくる姿や、インタビューの時の、ジョンのちょっと突っ張った表情に、わけもなく感動して、そのニュースを観るためだけに、ただの入場券を、もう一枚もらったりもした。


ところが『イエスタディ』が出てから、事態は一変し始めた。ストリングスが入った、静かで美しいこの歌によって、若者たちを狂わせている連中が、もしかしたら大変な音楽家かもしれないと、頭の固い連中さえもが考え始めた。しばらくすると同級生たちのなかからも、ビートルズはいいねと言う声が聞こえるようにさえなった。

しかし私からみれば、それは私を興奮させ、現にキャッシュボックスを独占している『Twist And Shout』『Can't Buy Me Love』『She Loves You』『I Want Hold Your Hand』『Please Please Me』での、問答無用で前に向かって突進する、弾けるようなビートルズではすでになく、過ぎ去った過去、壊れてしまった恋に焦がれる、なんだか奇妙な愛歌だった。

さあこれからだと思っていたのに、僕のビートルズが、なんだか大きく変わり始めたことだけは確かだった。それにしても、先駆者たちが時代を駆け抜けるスピードは、あまりにも速く、私（たち）は、ついて行くだけで必死だった。


イエスタディ。

なんだかもうどうでもよくなっちゃった。

みんながここに居るのだって
単に今までそうだったからに見えてしまう。
ああ、僕が信じられるのは
イエスタディ。
突然
なんだか自分が自分じゃなくなっちゃった。
まるで何かの影みたい。
ああ、みんな昨日のことになっちゃった。
突然。

形あるものは必ず壊れる。変化してこそ命、とはいっても、愛する人との恋は、できれば永遠に続いてほしい。花は枯れるからこそ美しいなどとは思いたくない。だってまだ、恋の中にいるのだから。でも、もしかしたら、ラブソングがあるのは、恋が一瞬の奇跡だと、誰もが思い知らされてきたからかもしれない。それにしても、どうしてビートルズが……?

どうしてあの娘は
行ってしまわなくちゃいけなかったんだろう。
僕には分からないし
あの子だって何も言わない。
だから、何か悪いことしちゃったのかなと
僕は言うんだけど……
いまは、ただ
今日が昨日のままだったらと思うだけ。

この歌が、恋人を失った悲しみを歌った単なる悲歌ではないことは、最初のフレーズの「みんな」という表現の奇妙さで分かる。単なる失恋の歌なら、こんな言葉は使わない。そう想う時、これは明らかにビートルズのことを歌っているのだと感じる。

誰よりビートルズというバンドを愛し、ジョンを兄弟のように、というより仲睦《なかむつ》まじい伴侶《はんりょ》のように愛していたはずのポールにとって、どんな失恋の打撃より、ジョンとの間に溝ができてしまったと感じる悲しみの方が大きかったかもしれない。
　どんなに美しい花火も、夜空に一瞬の華の残像をのこして消える。しかも時は、決して過去には戻らない。ビートルズもまた、突然、あるいはゆるやかに、変化して行った。

　ちなみにこの前年、世界最大の軍事産業大国アメリカの戦艦が、トンキン湾でベトナム軍の魚雷の攻撃を受けたという嘘の戦略情報を理由に、何としても戦争を仕掛けたかった軍事大国アメリカが突如、ベトナムに爆撃を行い、アメリカとベトナムとの戦争が始まった。
　一方、日本ではオリンピックが開催され、平凡パンチや漫画雑誌『ガロ』が創刊され、海外観光旅行が自由化された。

イン・マイ・ライフ
ザ・ビートルズ

1965

　『イン・マイ・ライフ（In My Life）』は、彼らの六枚目の革新的なアルバム『ラバー・ソウル（Rubber Soul）』の中の歌。どんどん変わり続けたビートルズは、いつのまにか、心情炸裂《さくれつ》バンドではなくなってしまい、歌詞もなんだか深い意味があると思わせるものが増えてきた。『イン・マイ・ライフ』は、いちおう恋人への愛歌になっているけれど、でもどこか哲学的な雰囲気の漂う人間愛歌。

人生を振り返ってみれば
あるものは変わり

変わらないものもあるけれど
悪く変わってしまったものもある。
ある人は行ってしまったし
ある人はまだそばにいる。
どんな場所にも
その時その場所にしかない何かがあって
そこには恋人がいたり友達がいたりする。
彼らのことは、みんな思いだせる。
ある人は死んでしまい
ある人は生きているけど
僕に言えるのは
僕の人生で出会ったそんな彼らを
僕がみんな
愛してるってこと。

人生なんか歌っちゃって、僕らのビートルズは一体どうなってしまったんだろう。ビートルズに触れてぶっ飛んで、夜な夜なラジオにかじりついているうちに、当の彼らはあっという間にどんどん変わり、なんだか遠いところに行ってしまいそう。

しかし、なんせビートルズなんだからと、必死に後をついて行った。だって、いまさらどこへ行って何をすればいいのか。勉強することなんか、とっくの昔に忘れてしまった高校生のひよっこに、人生がどうのこうのと言われても、ちょっとばかし荷が重い。

でも、とても綺麗な曲で、何だか妙に素敵なことを言っているようだとは感じる。でも、君のことはもっと好き、と歌っているんだから、これはラブソングにはちがいない。それにしても、人生を振り返るには若すぎる。

すでにビートルズが偉大な歴史的音楽家の仲間入りをしてしまった今では想像し難《がた》いかもしれないが、当時のビートルズは、私（たち）に、感動と戸惑いを矢継ぎ早に放ちながら疾走したバンドだった。

これまで出会った人とか触れてきたものに対する
愛情そのものは変わらないとは思うけど
でもときどき
ふと忘れちゃったりもする。
わかるでしょ。
僕の人生の中で
君のことはもっと好き。

ちなみに、ビートルズの二作目の映画『Help !』が封切られたこの年、ローリングストーンズが、「満足なんてできるわけねえよ」と、カウンターカルチャー・ムーヴメントを代弁するかのような、彼らの代表作のひとつとなる『サティスファクション（I Can't Get No Satisfaction）』を歌って大ヒットさせ、バーズが、ディランの歌『ミスター・タンブリンマン（Mr. Tambourine Man）』の、四番まである、やや難解な歌詞の中で最も分かりやすい二番の歌詞だけを、彼ら独特のアレンジでカヴァーして大ヒットさせた。

バーズのほかにも、アメリカからは、ママス&パパスやビーチボーイズがヒットを飛ばし、イギリスからは、ザ・フーやクラプトンやジェフ・ベックやドノバンが登場した。ディランやビートルズやストーンズとともに、後に続くものたちが、すでに、いたるところから現れ始めていた。

1966

エリナー・リグビー
ザ・ビートルズ

この年、中国で毛沢東が文化大革命を開始し、アメリカではブラックパワーが爆発し、ソビエトがルナ9号を月面に軟着陸させることに成功した。

日本では人口が一億人を突破し、トヨタが大衆車カローラを発売し、おそまきながらビートルズが来日し、それを機にグループサウンズが大流行し始めた。

『エリナー・リグビー（Eleanor Rigby）』は、ビートルズが大変貌を遂げた彼らの七枚目のアルバム『リボルバー（REVOLVER）』に収録された、人が生きる哀しさを見つめる愛歌。

ジョンもポールもすでに、自らの感情をありのまま歌にする若者ではなく、いつのまにか、人間や社会の本質のようなものと向かい合う哲学詩人になっていた。

ああ見てごらん。
誰もがみんな独りぼっち。
エリナー・リグビー。
結婚式が行われる教会で
撒《ま》かれたお米を一つひとつ拾う。

夢の中で生き
いつも窓辺で何かを待つ。
ドアのそばに置かれた瓶《びん》の中にしまってある
とっておきの表情を浮かべながら……

でも、それは誰のため？
誰もがみんな独りぼっち。
この人たちはどこから来たの？
誰もがみんな独りぼっち。

この人たちが帰る場所は何処？

考えてみれば、ビートルズは最初から、言葉と音が一体になった歌を歌うバンドだった。それは、彼らが難しい歌を歌うようになっても変わらなかった。だから、私（たち）は彼らが好きだった。

　彼らが伝えたいことは、言葉と音とが絶妙に溶け合った、生きたサウンドとなっていて分かりやすかった。激しい歌であろうと静かな歌であろうと、私たちがその時空を共に生きることができる確かさを持っていた。深い意味は分からなくても、その歌の中に入れば、そこには全身で感じ取れる何かがあった。

　つまり彼らは、ロックがそういうものだということを身をもって表し、追求し、それを私たちに教えてくれた。

エリナー・リグビー。
教会で生きて、そして死ぬ。
一人ぽっちで葬《ほう》むられて。
お墓には彼女の名前も書いてあるけど
誰もやって来はしない。
埋葬から戻ってきたマッケンジー神父が
手についた泥をぬぐう。
誰も救われなかった。
誰も……

　言葉があるから、意味があるから、メッセージがあるからロックなのではない。エレキだから、ビートがあるから、激しいリズムがあるからロックなのではない。シャウトしようと囁《ささや》こうと、誰かに伝えたいと自分が感じる何かを、それが一番伝わりやすい音《サウンド》のかたまりにして伝えること。それがロックという表現なのだということをビートルズは教えてくれた。

　ありふれた意味や善悪を超えて伝えなくちゃいけないこと、わかち合わなくてはいけないこと、分からなくてはならないことは無限にあり、それに相応しい声や音もまた無限にあることを、ビートルズは、信じられないほど多彩なサウンドにして体感させてくれた。

哀しみもまた、美につながる、ひとつの確かさ。

1966

哀しい目をしたローランドのレディ
ボブ・ディラン

ビートルズが変化に変化を重ねて爆走し続けている間、ディランもまた、すさまじい勢いで疾走し続けていた。

初期のフォークシンガー的なディランと決別するかのようにしてつくった『Another Side of Bob Dylan（1964）』のあと、エレクトリックバンドを率いて『Bringing it All Back Home（1965）』、ロックを象徴する名曲中の名曲『Like a Rolling Stone』を収めた『Highway 61 Revisited（1965）』を矢継ぎ早にリリースしたディランは、エレクトリックスタイルの総仕上げとして、名曲ぞろいの金字塔アルバム『Blonde on Blonde』を発表した。

伝えなくてはならないことがある時の
ローマ神話の雄弁の神マーキュリーのような口と
まるで韻を踏んでいるかのような
煙のような
そしてお祈りの時に肩にかける
絹の肩掛のような二つの目。
あなたの胸の銀の十字架と
鈴の音のような声。
ああ誰が、あなたに目を留めずにいられるだろう。

『哀しい目をしたローランドのレディ（Sad-eyed lady of the lowlands 邦題 ローランドの悲しい目の乙女）』は、ディランの七作目にあたる二枚組の偉大なLPアルバム『ブロンド・オン・ブロンド（Blonde on Blonde）』の最後の面に一曲だけ収められた歌。

三分が限度と言われていた当時のポップスの常識を破る、十二分近い長さで、そのころ密かに結婚したサラに捧げられた愛歌。それまで誰も出したことがなかった二枚組というのも、新鮮だった。

誰があなたを自分のものにできるなんて思うだろう。
哀しい目をしたローランドのレディ。
いつどこではっきりと
そんな男などどこにもいはしないと
哀しい目をした預言者は告げるのだろう。

謎めいた言葉が、どこかアンニュイな雰囲気を持つサウンドと共に、ゆったりと語られるなかで、Sad-eyed lady of the lowlandsという美しいフレーズが何度も繰り返されるこの歌には、何かを超えてどこかへ行こうとする、詩人ディランの、しなやかな意志のようなものが漂っていた。

夕暮れ時のあなたのシルエット。
あなたの眼の中でお月さまの光が泳ぐ。
あなたがマッチを擦る音。
そして、まるでジプシー女のようなあなたの賛美歌。
いったい誰が
あなたの気を惹《ひ》けるなんて思うだろう。

時代の風に吹かれながら、ここではないどこか、誰もがなぜか感じてはいても、見ることができない何かを見つめること、そしてそれを言葉にすること。全身で、でも自然体で、そこにいるはずのもう一人の、自分を超えた自分の透明な体と対話をすること。それこそが、もしかしたら詩人の証。

誰があなたに逆らったりできるだろう。
哀しい目をしたローランドのレディ。

ディランが、あらゆる意味で過去の常識を打ち破り、恐るべき多様性と完成度で、これこそがロックだといわんばかりにつくり上げたこのアルバムは、その後のロックの道標《みちしるべ》となった。

あなたの門を潜るには
なにもかも忘れ去るしかないのだろうか。
それとも、哀しい目をしたレディよ。
あなたがやってくるまで、私はずっと
待っていなくてはならないのだろうか？

歌詞もまた自由詩のように奔放《ほんぽう》で、黙示録のように意味深で、しかもエレガントで、見事に韻が踏まれたフレーズと、ディランの独特の歌い回しとサウンドとが渾然一体《こんぜんいったい》となって、まるで呪文のように、Sad-eyed lady of the lowlandsと、ゆっくり繰り返されるフレーズが、なぜか風の行方を感じさせた。

第三フェーズ　ゴールドラッシュ

1967

1967

ヘイ・ジョー
ジミ・ヘンドリックス

１９６７年は、ロックにとって記念すべき黄金年となった。ディランやビートルズやストーンズが巻き起こした嵐のような熱風に吹かれて、たちまちロックの熱病にかかってしまった連中が、一気に、百花繚乱《ひゃっかりょうらん》の表現を世界中で爆発的に展開し始め、ロックシーンが、巨大なムーヴメントとなり始めたからだ。それはもう、血わき肉躍《おど》る大爆発だった。

　まずはジミ・ヘンドリックス。『ヘイ・ジョー（Hey Joe）』は、アニマルズにロンドンに連れて行かれ、そこで出したシングルヒットで有名になったジミ・ヘンドリックスの狂愛歌。アメリカではデビューアルバム『Are You Experienced?』に収められた。ジミ・ヘンドリックスのオリジナルではないが、彼が演《や》った瞬間から、彼のものとしか思えない歌になった。

　この年、『俺たちに明日はない』などのアメリカン・ニューシネマが脚光を浴び、日本では、寺山修司が天井桟敷を、唐十郎が状況劇場を旗揚げした。また合衆国の対アジア戦略に加担する佐藤栄作首相が南ベトナムに向かうのを阻止しようとした全学連と機動隊が羽田空港の入り口で激突し、京大生が死亡した。

　第三次中東戦争が勃発《ぼっぱつ》してイスラエルがアラブ諸国を圧倒し、アフリカでは、ナイジェリアから独立しようとしたビアフラが軍事的に封鎖されて物資の供給を断たれたため、百万人規模の餓死者がでた。

　ガルシア・マルケスが『百年の孤独』を発表し、ギリシャは軍事クーデターによって独裁政権国家となり、ベトナム戦争が続くなか、ニューヨークでは、『サマー・オブ・ラブ』と呼ばれた三十万人規模の、若者を中心とする大平和行進が行われた。世界は新たな光と過去の闇とのはざまで、大きく激しく揺れ動いていた。

ヘイ、ジョー
どこ行くんだよ。
ピストルなんか手に持って
ヘイ、ジョー
ピストルなんか手に持って
おい、どこ行くのかって聞いてんだよ。
女を撃ち殺しに行くんだよ。
知らねえだろ、あいつが別の男と
一緒にいるとこを見ちゃったからよう。
わけ分かんねえよ。

　ディランがザ・バンドとともに、ロックの完成形をつくったと思った瞬間、ジミ・ヘンドリックスが、そこから大きくはみ出し、エレキギターというツールの全能力《ポテンシャル》を全開して、壮絶なパフォーマンスを展開し始めた。それを知ったロックは、まるでターボチャージャーを得たマシーンのように、新たなフィールドに向かって爆走し始めた。

ヘイ、ジョー
ピストルの音が聞こえたけど
撃ち殺しちゃったのか。
ヘイ、ジョー
お前がピストルを撃った音が聞こえたけど
本当に撃っちゃったのか？

　歌詞の内容は、彼のもう一つの代表作『紫の煙（Purple Haze）』と同様、ジミの演奏スタイルや歌い方そのままの、とことんアブナイ奴の、イカレタ生身の会話のようだが、寄らば切るぞというような、きわどい、しかしどこかクールな緊張感をみなぎらせたヒップ・スターやフリークが、当時はそこらへんを風を切って、殺気を漲《みなぎ》らせながら歩いていた。

畜生。
南に向かってまっしぐらよ。
いいじゃねえか、メキシコに行くんだ。
南に行くんだ。
南にかっとびゃ、自由になれるんだ。
誰も俺を探したりなんかするんじゃねえぞ。
縛り首になんか
なりたかぁねえからよ。

　ディランやアニマルズのリチャード・バートンが『朝日のあたる家』で、ストーンズが『Time is on My Side』で、ビートルズが『Twist and Shout』で実証したように、歌には誰のものでもない、その歌が宿す命がある。
　そして歌は、新たな息吹でその命を輝かせた者、それを心に受け止める者とともに、新たな生命力を得て生きる。

1967

お前の鏡になってやろう
ザ・ヴェルヴェット・アンダーグラウンド&ニコ

ニューヨークからは、オリジナリティのかたまりのようなバンド、というより、まるで前衛演劇集団のような、ヴェルヴェット・アンダーグラウンド&ニコが出現して、既存の型を無視した、とんでもないアルバムを出した。

アルバムジャケットからして型破りで、アルバムのタイトルもバンド名もなく、一本のバナナの下にアンディ・ウォーホルのサインがあるだけ。

当時のポップアートの寵児《ちょうじ》、ウォーホル率いるファクトリーと共に、ニューヨークのアンダーグラウンドシーンの絶頂期を体現したこのアルバムでは、ルー・リードが、上手いとか下手とかいう概念を無視するかのようなギターとヴォーカルを披露し、ニコが、女性とは思えないドスのきいた声で歌っていた。

『おまえの鏡になってやろう（I'll be Your Mirror）』は、そのアルバムのなかの、ルー・リード作詞作曲の、若干屈折した純愛歌。

お前の鏡になってやろう。
そうしてお前を映し出してやろう。
たぶんお前が知らないお前を。

風になってやろう。
雨にも、夕陽にもなってやろう。
お前が帰っていくべき家が
どこかが分かるように
光になって
その家の入り口のドアを
照してやろう。

『毛皮のヴィーナス』などが印象的だったヴェルヴェット・アンダーグラウンド&ニコは、当時はいかにもアヴァンギャルドで、ノイジーで刺激的なギターの弾き方にせよ、音の構成の奇妙なズレ感にせよ、挑発的な歌い方にせよ、すべての常識からはみ出てやる、とでも言いたげな意志の強さに面白みを感じた。

しかし、今あらためて聴きなおしてみると、全体的に、不思議なくらいロマンティック。この歌もルー・リードのピュアーな面が滲《にじ》み出ていて、なんだか可愛く感じられるほど。

お前がなんにも知らない奴だなんて
認めたくはない。
だってお前は綺麗だし……
とはいうものの
もしも、俺がお前の目の代わりになることを
お前が認めないというのなら

しようがない。
俺の手でお前の闇って奴を捕まえてやる。
そうすればもう
お前はなにも怖がらなくてすむ。
だからリラックスしな。
だって俺には
お前が見えるんだから。

考えてみれば当時は、古くさくて堅苦しい体制の縛《しば》りのなかで、若者たちが、すべての既成概念や権力構造に、なんとかガツンとカウンターパンチを喰らわせて突破口を開こうとしていた時代で、その気持ちは、ピュアーでまっとうな心の持ち主であればあるほど強く、そのぶん行動も、自ずと過激にならざるを得なかった。

で、それでは今は、どういう時代なのかということだが、一瞬、破ったと感じられた殻《から》が、その後、いつ

のまにやら透明の、強くて柔らかなゴムのようになって、再びすべてを包み込んでしまったように感じる。ルー・リードが歌い続けた理由もまた、そこにある。

1967

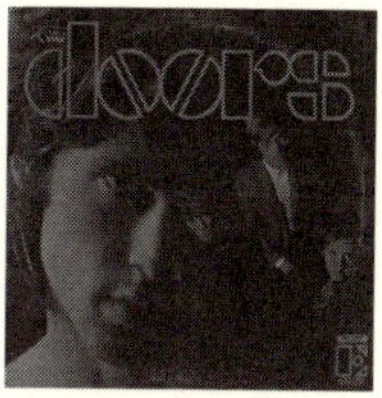

ハートに火をつけて
ザ・ドアーズ

『ハートに火をつけて（Light My Fire）』は、堕天使ジム・モリソン率いるドアーズのデビューアルバム『The Doors』の中の歌。シングルカットされ、ビルボードのチャートのナンバーワン・ヒットとなって、たちまちジム・モリソンとドアーズをスーパースターにした、ポップスとアヴァンギャルドが渾然《こんぜん》一体《いったい》となった挑発愛歌。

カモン、ベイビィ。
俺の心に火をつけろよ。
カモン、ベイビィ。

俺の心に火をつけろよ。
夜をその火の中に放り込んでみようじゃねえか。
もたもたしてるヒマなんかねえよ。
泥沼なんかにはまってる場合じゃねえよ。
やってみようぜ。
どうせみんな消えちまうんだから。
俺らの愛だって
火葬の火種みてえなもんなんだから。
なあ、やってみようぜ。

不思議なことに、文化的なムーヴメントには、春を待って花がいっせいに咲き乱れるように、突然、それまでとはまったく違う次元のパワーと広がりを見せて一気に爆発する瞬間がある。

ロックにとっては、一九六七年〜六九年がそうだ。とりわけ六七年には、実に多くの才能が、自分にしか咲かせられない花を咲かせた。

文化的なムーヴメントは、一種の共時性を持っていて、それと呼応して生きる人々の総体をなんとなく包み込む。もちろんそれは、誰を拘束するわけでもない。誰もが、そのムーヴメントの時空の空気を吸いながら、それぞれ勝手に、自由に生きる。

しかし同時に、なぜか同じ空気を吸い、同じ風に吹かれていると感じる同志的な感覚を与えながら、ムーヴメントは、みんなをのせて、ここからどこかを目指してダイナミックに動く。突出しようとする人もいれば、置き去りにされそうな人もいる。

だからこそ誰もが、あちらこちらで咲き乱れる花々を視界にいれながら、なんとか、それとは違う花を咲かせようとする。あるいは、誰にも見えていないと想われる彼方を目指す。そこには、自らの動きや働きが、ムーヴメントの時空と連動しあっている確かさがある。

つまり、ムーヴメントの時空の密度と、どこかへと向かう意志と、その勢い、そこに漲《みなぎ》る創造性《クリエイティビティ》が、無数の才能を覚醒《かくせい》させ、ほかの時には容易に生まれないような天才たちを育《はぐく》む。要するに、文化的なムーヴメントほど、あえていえば、社会的な生産性の高いものはない。

ルネサンスや、ベルエポックや、エコール・ド・パリや、バルセロナのモデルニスモがなければ、人類の遺産ともいうべき美が、一気に創りだされることはなかった。ロックもまた明らかに、そんな歴史的な文化ムーヴメントの一つだ。

ドアーズもまたその栄光の時空のなかで、そこでしか咲かせ得ない、夜空に咲く大輪の花火のような輝きを放って散った。

もともと詩人としての資質に富んだジム・モリソンは、もしムーヴメントがなかったとしても、詩集の一つや二つはのこしたかもしれない。しかし60年代後半のロックムーヴメントの時空を生きたからこそ、そのなかでドアーズのサウンドという、聖なる武器を手にしたからこそ、ロック史上、最も先鋭的な堕天使《だてんし》となった。

サターンは、もとはといえば天使で、しかも天界で最も美しく、光り輝く天使といわれながら、神に叛逆《はんぎゃく》を試みて地獄に落とされた堕天使ルチフェルのことだが、『ジ・エンド』などで、キリスト教徒の国の民にあるまじき言葉を叫びながら、壮絶なヴォーカルを披露《ひろう》するジム・モリソンは、正真正銘の堕天使に見えた。

とはいっても、71年にパリで突然死してしまった彼が、天使でもあったことは疑いようがなく、繊細でありながら暴力的で、情熱的でありながら冷静《クール》で、攻撃的でありながら自虐的で、超退廃的でありながら妙にロマンティックな彼とその歌は、分かりやすいポップスのシンプルさと、前衛音楽のような複雑さ、そしてなにより、生き急ぐスピード感そのままのドアーズの音と呼応し合い、清濁《せいだく》の一切合切《いっさいがっさい》を抱え込んだまま、印象的なフレーズを惜しみなくまき散らして、時代のピークを駆け抜けた。

1967

愛する誰か
ジェファーソン・エアプレイン

もう一つ、このピークの一瞬ならではの『愛する誰か（Somebody to Love 邦題 あなただけを）』は、最強のサイケデリックバンド、ジェファーソン・エアプレインの代表作『シュールリアリスティック・ピロー（Surrealistic Pillow）』のなかの、問答無用の前進力をもつパワフル愛歌。

ポール・カントナーとマーティン・ベリンの操縦士を乗せた機体に、匍匐《ほふく》前進突貫ベース小僧ジャック・キャサディと、居合抜きギター侍ヨウマ・コウコネンの最強無比のツインエンジン、そこに勝利の女神のようなグレース・リックの、百万馬力のヴォーカルの翼を得て、ジェファーソン・エアプレインは、カリフォルニアの空を自由自在に翔け回るバンドとなった。

真実なんてみんな嘘と分かった今
あなたの中の
喜びという喜びが死んじゃった今
愛する誰かが欲しくはないの。
愛する誰かが必要なんじゃないの。
あなただって
誰かを愛したいって思ってんでしょ。
だったら
愛する誰かを探せばいいじゃん。

それにしても、なんと威勢のいい時代だったのだろう。カリフォルニアには、ジェファーソンとならんで、泣く子も歌う最強のライブバンド、グレイトフル・デッドやサンタナやジャニスなどもいて、誰も彼もが、心意気も高らかに、それぞれ自分だけの旗を掲げて縦《じゅう》横無尽《おうむじん》に走り回っていた。

しかもキャサディとコウコネンが、ジェファーソンと同時進行で、パパ・ジョンと共に、凄まじく切れ味のよいバンド、ホットツナをやったり、デッドのメンバーが、やや趣向を変えて、ニューライダース・オブ・ザ・パープルセイジというバンドを組んだりと、ともかくこの時期は、だれもが表現意欲のかたまりだった。

　やがて、彼らが掲げたその旗に、ラブ&ピースのマークが描かれたりするようにもなってはいくが、しかしロックの女神《ディーバ》、グレース・リックのこの歌が、まるで愛と平和と表現と行動の宣戦布告のように鳴り響いた時には、お天道《てんとう》さまは光り輝き、前途は洋々として開かれていると、感じられた。

涙が流れてるわよ、あなた。
ああ、胸まで涙が流れ落ちちゃって。
だって友達という友達がみんな
あなたをお客さま扱いするんだものね。
愛する誰かが欲しくはないの。
愛する誰かが必要なんじゃないの。
あなただって
誰かを愛したいって思ってんでしょ。
だったら
愛する誰かを探せばいいじゃん。

　そのまぶしいほどの光を浴びれば、戦争であれ失恋であれ機動隊であれ落第であれ何であれ、どんなことだって、軽々と乗り越えられると感じた。

　それが結果的に錯覚に過ぎなかったかどうかなど大した問題ではない。大切なのは、そんな光を浴びて熱い風に吹かれれば、自分だって彼らのように、自分だけの歌を、もしかしたら一曲くらいはつくれるのではないかと、誰も彼もが思い始めたということだ。

　愛する誰か、愛せる何か、身体が丸ごと確かと感じる何か。言いたいことがあるのなら言えばいい。やりたいことがあるならやればいい。哀しかったら泣けばいい。歌いたければ歌えばいい。誰もがそんな熱気の中にいた。

1967 見張塔からずっと
ボブ・ディラン

　こうして、後に続くものたちが、一心《いっしん》不乱《ふらん》に大騒ぎをしていた時、それでは先駆者《パイオニア》たちは何をしていたのかということだが、まずはディラン。

　一九六五年から六六年にかけて、エレクトリック・アルバムを連発して、すさまじい勢いで突っ走り、ロック旋風を巻き起こしたディランだが、その後バイク事故を起こして、しばらく鳴りを潜《ひそ》めていた。

　ところが、いよいよロックムーヴメントが世界を席《せっ》巻《けん》し始めた途端、常に別の道を行くディランは、今度は突然、カントリーフォークスタイルの、どこかとぼけた雰囲気を持つ『ジョン・ウエズリー・ハーディング（John Wesley Harding）』をリリースした。『見張り台からずっと（All Along The Watchtower）』は、そのアルバムの中の、抜け道愛歌。
私（たち）はその頃、熱風に浮かされて右往左往《うおうさおう》していたが、ディランの場合、風は常に彼の方から吹いてくると思われた。

ジョーカーがこそ泥に言った。
どこかに、ここから抜け出す道があるはずだ。
あんまりこんがらがってて油断ならねえ。
商売人たちは俺のワインを飲みやがるし
田舎者たちは俺の地面を掘りかえす。
誰も、ちゃんとまっとうな道を行くための
その道の選び方さえ知りやしねえ。
そんなにカッカするなよ。
こそ泥が優しげに言った。
俺たちのまわりにゃ、人生なんて
冗談に過ぎないと思ってる奴らがたくさんいる。
俺たちゃ、そうじゃないけどね。

『ジョン・ウエズリー・ハーディング』はまるで、もう飽きた、とでも言いたげな、それまでとは調子をがらっと変えたアルバムだった。もしかしたら、何かに熱中するのと同じくらいに、飽きるというのも、パイオニアたちに不可欠な一つの才能なのかもしれない。だから新しいことを始めずにはいられないのかもしれない。
身の回りのありきたりのものに飽きて何かを探す。そこで見つけたことへの一瞬の熱中の後、それに飽きてまた新たな何かをつくる。それは自分の創造力を常に覚醒《かくせい》させておかずにはいられない、創造神ブラフマと、破壊神シバを体内に併せ持った天才たちの表現力、あるいは生命力の表れなのかもしれない。しかもそこには、彼の歌を懸命に聴く、多くの仲間たちがいた。

歌詞をよくみれば、当時のディランの心境そのものが表されていて、商売人たちが人のワインを勝手に飲むような状況に、ディランがウンザリしていたと同時に、そこからどこかへと、素知らぬ顔をして、行こうとしていたように感じられる。

アコースティックバンドの素朴な音を背景に、ちょっととぼけたような歌い方で歌われるこの歌は、しかし、この歌をカヴァーしたジミ・ヘンドリックスが証明してみせたように、演り方一つで、凄まじいロックに変貌する、強靭な骨格と意志を持っていた。

1967

ア・デイ・イン・ザ・ライフ
ザ・ビートルズ

そしてビートルズ。変化に変化を重ねて爆走してきたビートルズ、ビッグバンを生み出した創造主のようなビートルズが、一九六七年に、ロックはもちろん、あらゆる音楽的要素を満載した、有無を言わさぬ完成度を持つ、ロックムーヴメントのピークともいうべきアルバム『サージェント・ペパーズ・ロンリー・ハーツクラブ・バンド（Sgt. Pepper's Lonely Hearts Club Band）』を発表した。

そのアルバム、とりわけその最後に収められたこの歌『ア・デイ・イン・ザ・ライフ（a Day in the Life）』は、頂上《ピーク》を極めたものは、そのあと、山を下りなければならないことを、感じさせずにはいられないような、哀しみに満ちた、まるでビートルズの遺言のような、あるいは、まるで消えようとする命の灯を、そっと見守るかのような、不思議な哀歌だった。

あのね、今日
新聞で見たんだ。
出世したラッキーな人のことで
どっちかというと悲しいニュースだったんだけど
でも、思わず笑っちゃった。
写真だって載《の》ってた。

車に乗ったまま逝《い》っちまったんだ。
信号が変わったのに気が付かなかったみたい。
大勢の人がまわりに立って
死んだ彼を見てた。
誰もが彼の顔を見たことはあったけれど
でも誰も
本当にそれが
貴族院議員の彼かどうかは
分からないみたいだった。

　ビートルズはきっと、何万人、あるいは何百万人もの人の人生を、数年で一気に生き尽くすほどの密度で時を生きた。そして、例えばF1のパイロットのアイルトン・セナのように、異次元のスピードと緊張感をもつ時空を疾走したものには、おそらくその経験を持つ者にしか分からない、何か超常的な、しかし確かな景色が見えていたはずだ。もちろんビートルズにも。
　すでに無数の名曲を生み出してきた連中が、なぜか生きたまま伝説になろうとしていた。ただ、『サージェント・ペパーズ・ロンリー・ハーツクラブ・バンド』が、言葉やイメージや音、それらが見事に融けあった、彼らの最高傑作の一つであることだけは確かだった。
　アルバムのジャケットには、ビートルズの埋葬に立ちあうビートルズの姿があり、参列者の多くは、すでに歴史のなかの人々だった。

あのね、今日、新聞を読んでたら
こんな記事があった。
ランカッシャー地方のブラックバーンで
四千個も地面に穴があいて
それが何だか
少しづつ大きくなってるらしいんだ。
どれだけあるか数えなくっちゃ
とみんなが思って
今では
いくつあるか分かってるらしいんだけど
その数は
アルバートホールを
一杯にするくらいらしいんだ。

君には
ほんとうに
気付いて、ほしい。

不思議な物語か映画のシーンのようなこの歌は、理屈や解釈を超えて、聴く人たちの胸のなかで、静かだけれど強い臨場感《りんじょうかん》とともに流れ、そして最後にバーンと鳴り響いて消えるグランドピアノの音とともに、永遠に鳴り響き続ける。

さらに、しばしの沈黙の後、アルバムの最後に入れられた、エンドレスでレコードが回り続けるなかで聞こえる、どうしても意味が聴き取れない不思議な言葉。

このあと、何をどうしていいか判らなくなってしまうような、寄る辺《べ》のない、奇妙な虚無感のような印象を、このアルバムを聴き終わった時の印象を、当時ビートルズに胸を躍らせ、そして必死にそのあとを追った、ビートルズを愛した者たちは、きっと私と同じように、一生、忘れることができないだろう。

この歌の中の最後のフレーズ。ジョンが書いた詞にポールがつけ加えたといわれている一言《ひとこと》、「君には、本当に、気付いて、ほしい」と訳した「I'd love to turn you on」という言葉に、無限の意味があるように、人の人生を語り尽くすことなど誰にもできない。物事の意味を説明し尽くすことなど、誰にもできない。

けれど、人と人、人と情景《シーン》との触れ合いの記憶は、それを記憶した人の心身の中に、永遠にのこる。

第四フェーズ

アナザー・ドリーム

1968～1969

1968

ザ・ウエイト
ザ・バンド

この頃、世界中で反体制運動の嵐が吹き荒れた。ベトナムではベトナム軍が果敢な反撃を開始した。アメリカではベトナム戦争反対運動が高まるなか、キング牧師、そしてロバート・F・ケネディが暗殺された。フランスでは五月革命が起き、これに呼応してミック・ジャガーが『ストリート・ファイティング・マン』を歌った。

一月に原子力空母が佐世保に寄港した日本でも、全共闘運動が日本中の大学を拠点にして展開された。十月の国際反戦デーには四十万人規模のデモが行なわれ、若者たちが新宿駅を占拠。騒乱罪が適用され七百数十人が逮捕された。十二月には三億円強奪事件が起き、その捜査のためということで、反体制運動に参加していた多くの学生が取り調べを受けた。旧体制と、それを打倒しようとする若者たちとの闘いは、巨大な社会的地殻変動を巻き起こしていた。

『ザ・ウエイト（The Weight）』は、そんななかで、ディランと共に草創期のロックの最前線を切り拓《ひら》いてきたバンドの中のバンド、ザ・バンドが、彼らのスタジオハウス、通称ビッグピンクでつくったファーストアルバム『ミュージック・フロム・ビッグ・ピンク』に収められた歌。映画『イージーライダー』にも用いられ、ロックを代表する歌の一つとなった。

やっとナザレにたどり着いた頃には
ほとんど死んだも同然だった。
とにかく、横になれる場所が必要だった。
そこで

たまたま見かけたおっさんに
ここら辺に、俺にベッドを貸してくれるような
そんな人はいませんかねえ、と聞くと
そいつは、ニコッと笑って
俺と握手をしながら
たった一言こう言った。
ノー!

重荷を下ろせよファニー。
重荷を下ろして楽になれよ。
重荷を下ろせよファニー。
なんならそれをみんな
俺に乗っけろよ。

それにしても、よくこんな歌をつくったものだと思うような不思議な歌。男がとにかく、極めてヤバイ状況に陥っているのは分かるが、それ以外は、何がなんだか分からない。

歌詞のなかに、イエスの故郷のナザレや、サターンやモーゼやルカなどの聖書の重要人物の名前も出てきて、しかも、重荷を俺に乗せろ、というフレーズまであるので、もしかしたらこれは、人間の罪や苦悩を背負って十字架に架けられて昇天したイエスのことやなんかを暗に歌っているのか、イエスに、そんなにマジにならなくてもいいじゃないかと言っているのか?とまで考えてしまう。

深遠な、それでいてどこか適当なような歌詞。「ファニーのところに帰るんだ」という言葉もあるので、何とかその状況を脱して、紆余曲折《うよきょくせつ》の末に恋人のところに向かうという、一種の愛歌ではあるのだろう。

今すぐ特急列車に飛び乗るんだ。
線路の上をまっしぐら。
なにしろ、バッグが重くて、重くて
ようするに、今が、たぶん
潮時なんだろうよ。

ファニーのところに帰るんだ。

　ところが、歌われている内容はともかく、タイトでキレのよい、手応え満載のザ・バンドの演奏を背に歌われる歌声の力強さは比類がなく、当たり前のように心に響いて、特に、バンドのメンバーが輪唱スタイルで一人ひとりボーカルに順に加わり、みんなで声を合わせて何度も歌われる「重荷を下ろせよ、なんならそれをみんな、俺に乗っけろよ」のフレーズが、とにもかくにもカッコよかった。
　この歌を聞いていると不思議なことに、だんだん、もうなんだっていいや、生きていきさえすれば、きっと何とかなるさという気分になって、繰り返されるフレーズを、なぜか一緒に声を合わせて歌ってしまう。これがロックの歌の力だ、何ならお前も演《や》ってみるかと励まされている気分にさえなった。

1968

ジェニファー・ジュニファー
ドノバン

　ドノバンは、『Catch the Wind』を歌いながら一九六五年に、新鮮なそよ風のように現れ、吟遊詩人や妖精や自然やファンタジー、それらの向こうにある広がりを、つまりそれまでロックが表現してこなかったような世界を、詩情溢れる独特のサウンドにして矢継ぎ早にアルバムを発表した。
　『ジェニファー・ジュニファー（Jennifer Juniper）』は、そんなドノバンの六枚目のアルバム『The Hurdy Gurdy Man』の中の、実にドノバンらしい、夢見るような愛歌。

ジェニファー・ジュニファー。
とても静かに坐っている。
眠っているのかな?
たぶんちがうと思う。
息はしているのかな?
もちろん。
とてもゆっくりね。
でも、何をしているんだろう。
僕の愛しいジェニファーは?

ジェニファー・ジュニファー。
あし毛の馬に乗って。
ジェニファー・ジュニファー。
髪にリラの花をさして。
夢を見ているのかな?
うん、きっとそうだと思う。
可愛いんでしょう?
うん、誰も見たことがないくらい。

でも、何をしているんだろう。
愛しい僕のジェニファーは?

エレクトリックバンド全盛の60年代の終わりに、ドノバンは、ほかの誰とも違う、ドノバン的としかいいようのない不思議な音色とアプローチでロックシーンに登場し、ロックムーヴメントのフィールドを、実に自然に広げた。

あの娘のこと、好きなんでしょう?
はい、おっしゃるとおりでございます。
愛したいって、思ってるんだね?
はい、できればそうしたいと思っております。

それまで聴いたこともなかったはずなのに、どこかとても懐かしく感じるドノバンの言葉や音は、ザ・バンドやジミ・ヘンドリックスの対極にあるようで、どこかで深く通じ合う何かを持っていた。それは、表現の世界の広がりには、限界などなく、確かさのありようもまた、無限にあるということだ。つまり彼らの音には、ウソがなく、横目で誰かの様子をうかがっているような気配など微塵もなく、音が、彼らの個性や心身と一体になっていた。

　オリジナリティは、いったん枠からはみ出たものが、いろんなことを体験した旅の果てに、もう一度、自分にはやっぱりこれだと感じる確かさを見つめ、それを、どこかにきっといるはずの、もう一人の自分ともいうべき仲間に向けて語り始めて初めて手にできる。

　そんなロックに必要不可欠な洗礼を経た者だけが、自分だけのものなのに誰のものでもあるような、どこにもあるようで、実はそこにしかない世界を創り出すことができる。

ヒア・カムズ・ザ・サン
ザ・ビートルズ

1969

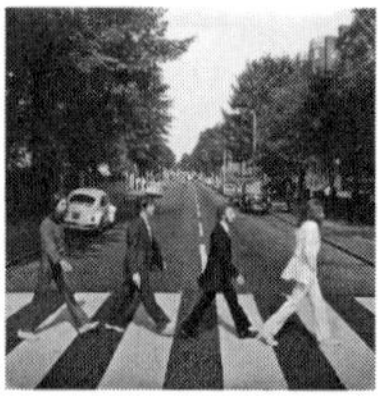

新たな才能が、次から次へと出現する一方、ビッグバンを起こしたザ・ビートルズは、早くも、バンドとしての活動を終えようとしていた。数々の名曲を生んだアビーロードスタジオの前の横断歩道を渡る四人。『ヒア・カムズ・ザ・サン（Here Comes the Sun）』は、彼らの実質的なラストアルバム、彼らがバンドとしての最後の力を振り絞って遺した形見『アビイ・ロード（Abbey Road）』の、歴史的音楽遺産であるB面の最初に流れる、実にジョージらしい、切ないほどの哀愛歌。

　全ての命がそうであるようにビートルズにさえ終わりがある、でも、『アビイ・ロード』のB面は、信じられないほど素晴らしかった。ビートルズ以外の誰が、あんなふうにすべてが一体となった、たたみかけるような名曲のメドレーをつくりだせるだろう、なのに。

朝陽が昇るよ。
朝陽が昇るよ。
僕はきっと
何もかもうまくいくと思う。

愛してるよ。
笑顔だって、みんなの顔に戻ってきてる。
愛してるよ。
ここにやって来てから
もう何年も経った気がする。
ほら、ほら朝陽が昇るよ。
僕はきっと
何もかもうまくいくと思う。

ビートルズはやはり、人間が起こした最良の奇跡の一つだったと、改めて思う。何より素晴らしいのは、彼らの人生と歌とが渾然一体《こんぜんいったい》になっていることだ。というより、彼らは真っ正面から自分や時代や歌と向かい合い、生身の対話をし続けて成長した。

しかもビートルズは、まったく異なる個性が寄り集まってできたバンドだ。そして、それぞれの違いを一つの枠の中に押し込もうとはしなかった。それは、異る特性をもつヒューマン・エンジンを連動させた縦横無尽の音楽スペースシャトルのようだ。それぞれの推進力を、弱さも含めてフルに発揮し、揺れ動く機体の傾きを、減速させることなく調整しながら、無限の高みを目指して上昇を続けた。彼らはそうして、誰も到達したことのない時空を遊泳した。

朝陽が、朝陽が、朝陽が
ほら、ここに、昇るよ。
朝陽が、朝陽が、朝陽が

ほら、ここに、昇るよ。
愛してるよ。
氷だって、ゆっくり融けてきている気がする。
愛してるよ。
空だってきっと、昔みたいに晴れていくよ。

でも、そんな彼らが地上に生還するためには、アビイ・ロードのB面のような、ボロボロの機体を信じられないような創意と工夫で操るような、美しくも哀しい儀式が必要だったとも感じた。それがビートルズの名において出来たからこそ、空中分解寸前の機体を最後に、優雅に着陸させることも出来た。そこでジョージが、そしてリンゴが果した役割は、限りなく大きい。

ホール・ロッタ・ラブ
レッド・ツェッペリン

1969

ビートルズが消えようとしていた時、突然、レッド・ツェッペリン（Led Zeppelin）の『ホール・ロッタ・ラブ（Whole Lotta Love）』が鳴り響いた。

かつて、20世紀の初めに、ツェッペリン伯爵の名を冠《かん》して、最も優雅な乗り物として、世界の空を周遊した飛行船。第一次世界大戦の時には、遠くドイツから飛来し、上空から爆撃して、イギリス国民を恐怖のどん底に突き落とした飛行船。

さらに、一九三七年に空中で炎上して乗客の命と共にその歴史を閉じた、巨大な硬式船体《ハードボディ》の飛行船の名を冠したレッド・ツェッペリンは、ジミー・ペイジのシンプルでパワフルなギターリフと、ロバートプラントの天高く突き抜ける高音のヴォーカルで、たちまち世界中に無数のコピーバンドとギター小僧を生み出した。『ホール・ロッタ・ラブ』は、彼らの二枚目のアルバム『レッド・ツェッペリン2』の冒頭に鳴り響いた、まるごと愛歌。

この年、合衆国が北爆を強化する中、アポロ1号が人を乗せて月に着陸し、初めて人が月面を歩いた。数十万人の人を集めた音楽フェスティバル、ウッドストックが開催され、ロックムーヴメントがすでに、若者の圧倒的な支持を集める、愛と平和を旗印とする巨大な社会運動でもあることを世界に知らしめた。

日本では、日大全共闘と共に、まっとうな意見を無視し続ける大学や体制に抗する学生の闘いの象徴だった東大全共闘の、砦《とりで》と呼ばれていた拠点、安田講堂が、一月、機動隊との激しい攻防戦の末に陥落した。六月には、新宿の西口広場で行われていたフォーク集会の参加者と機動隊が衝突した。

頭を冷やした方がいいぜ。
俺は狂ってなんかいないぜ。
さっさと学校に、お勉強に戻っちまいな。
お前に必要なのは、ハニー
お前の心の中を
ふかーく、見つめることなんだけどな。
俺の愛を、お前にくれてやるぜ。
俺の愛を、お前にくれてやるぜ。
ありったけの愛を、丸ごと全部。
ありったけの愛を、丸ごと全部。

創世主ビートルズが雲の彼方に姿を隠し、預言者ディランが甘い声でカントリー調のアルバム『ナッシュヴィル・スカイライン（Nashvill Skyline）』を出した頃、つまり先駆者たちの全力疾走が一段落した、まさにその時、先駆者たちのロックサウンド&スピリッツの洗礼を受けた連中が、次から次へとロックシーンに現れ、まるで引ったくるかのようにバトンを受け継ぐやいなや、目も醒《さ》めるような加速力を見せつけて新たに疾走し始めた。
たとえばキング・クリムゾン。たとえばディープ・パープル。たとえばピンク・フロイド、エマーソン・レイク&パーマー。そしてレッド・ツェッペリン。

ずっとおりこうさんだったんだよなベイビィ。
俺はずうーっと、よだれを垂らして
お前を見てきただけだけどさ。
けど、心だよ。
心の中なんだよ、大事なのは！
さあ、俺の愛を、お前にくれてやるぜ。
足の爪の先から頭のてっぺんまで
俺の愛を、お前に、お前にくれてやるぜ。

ありったけの愛を、丸ごと全部。
ありったけの愛を、丸ごと全部。

いきなり、圧倒的な構成力と完成度を持って登場した彼らの体には、先駆者たちが培《つちか》ったノウハウやさまざまなデータが、すでにことごとくインプットされていて、やろうと思えば何だって出来るように思われた。
しかし彼らは、二番煎じなどまっぴら御免と大見栄《おおみえ》を切るかのように、それまでにはなかった、彼ら独自の様式美《スタイル》を全面展開した。それは瞬く間に、新鮮なサウンドモデルとなってブランド化し、どんどん隆起を続けて、たちまち、世界に聳《そび》える巨大な裾野を持つ霊山となった。

1969

君をさらって
ジャックス

欧米のロック・ムーヴメントが巻き起こした嵐は、もちろんアジアの日本の空にも吹き荒れた。フォーク・クルセダーズが67年、『帰ってきた酔っ払い』や『イムジン河』を収めたアルバム『ハレンチ』を自主制作し、グループサウンズがテレビを席巻し、いわゆるフォーク・ブームのなかで、岡林信康や遠藤賢司がレコードを出し、ゴールデン・カップスが、横浜のZENでライブレコーディングをしたりもした。

一方、もう一つの嵐だった大学闘争は、安田砦陥落のあと、急激に下火になっていく。私がいた横浜の大学はバリケードを続けていたが、この頃から漂い始めた一種の無力感はいかんともしがたく、言葉がもう、どこにも届かなくなってしまったような感覚の中で、いつしか私も自分で歌をつくるようになり、やがて、ギターを手に、友人がやっていたロック喫茶に行き、気が向けばそこで歌ったりするようになっていた。音と一体になることで、かろうじて言葉が、どこかへ届くようにも想えた。

その頃、日本のミュージックシーンのなかで、最も私の心に響いたのが、ジャックスと遠藤賢司、そして頭脳警察や吉野大作や久保田麻琴やスピード・グルー&シンキやOh！朝バンドだった。遠藤賢司のギターの音の美しさは比類がなく、ジャックスは、その不思議な奥行き感、というか、哀しみと絶望感と激しい情熱《パッション》とが入り交じった音と言葉に惹かれて、何度も何度も聴いた。

『君をさらって』は、一瞬、孤高の光を放って消えた日本のロックバンド、ジャックスの、ラストとなったセカンドアルバム『ジャックスの奇跡』に収められた、つげ春乱こと早川義夫の、どこまでも哀しく、そして強い、熱烈孤独不条理夢想愛歌。ジャックスは、日本という湿った風土のなかで咲いた、一つの奇蹟のような花だった。

君をさらって汽車に乗せ
遠いところへ連れてってしまおう。
汽車は煙を吐き
新しい町へ。

歌詞だけを見れば、うっかりすると、能天気なロマンス歌のように受け取られかねないが、早川義夫の、どこか非現実的なまでに必死で哀しげな、自分の声が、遠い彼方にまで届くことを祈り信じているかのような、それでいて、ひと言ひと言、自らの幻の確かさを、それが幻だと、あえて確かめるかのような歌声と、木田高介の、もの悲しくも強く切ないハーモニカが相まって、歌詞の世界にぴったりの、絶妙なサウンド。

花輪をつくり
小屋を建て
月夜の晩に
恋を語ろう。
君は泣き止み
僕の胸に。

歌詞をよく見れば、歌の中の二人が、相思相愛といった、おめでたい仲でないことはすぐ分かる。無理やりさらって行かなくてはならない君。しばらくは泣くことしかしない君に、愛の限りをつくしてもなお、最後のフレーズの幸せは、たぶん、およそ実現することのない、ほとんど絶望的なほどの幻想愛にすぎないかもしれない。

というより、そんなことは百も承知。歌わなければ、自分の心が壊れてしまうかもしれないと、切に感じるからこそ声に出して歌われた、誰が何といおうと歌わずにはいられなかった歌。そこには、欧米のロックと深く通じあう何かがあった。青く不思議な光を点《とも》しながら闇夜を儚《はかな》く舞った、蛍の光の軌跡のような歌。

第五フェーズ

アフター・ザ・ゴールドラッシュ

1970

1970

バーズ
ニール・ヤング

『バーズ（Birds）』は、ロック・ムーヴメントの申し子、ニール・ヤングが、バッファロー・スプリングフィールズ、クロスビー・スティルス・ナッシュ&ヤングを経て、ソロとしてつくった三枚目のアルバム、ニール・ヤングの豊かで繊細な感性がひしひしと伝わってくる名作『アフター・ザ・ゴールド・ラッシュ（After the Gold Rush）』のなかの、哀しみに満ちた、しかし、それでも明日に向かおうとする意思のようなものが、ひしひしと胸をうつ愛歌。

　レコードジャケットの裏面には、すり切れたジーンズに端切れをあてた写真が使われていて、そのあまりのカッコよさにしびれた私は、さっそく、使い古してボロボロになってしまった自分のジーンズにつぎはぎをし始めたが、さらに破れたところを、どんどんつぎはぎしていった結果、とうとう、もとのジーンズの生地が見えなくなってしまった。

　この年、すでにベトナム北爆を強化していた合衆国が、さらにカンボジアに侵攻する一方、国内では反戦運動や環境保護運動が高まりをみせ、グリーンピースも誕生した。

　南米のチリでは、選挙によってサルバドール・アジェンダの左翼政権が誕生するが、アジェンダはわずか三年後、軍部のクーデターによって殺害される。

　イギリスではリチャード・ブランソンがヴァージン・レーベルをたちあげたりもした。ずっと本部をボートハウスに置いていた新世代の経営者ブランソンはその後、メガストア、ヴァージンアトランティック航空、ヴァージン・シネマなど、様々な業態に風穴を開けることになる。
日本では、大阪万博が開催され、よど号ハイジャック事件が起き、三島由紀夫が市ケ谷の自衛隊駐屯地に侵入し、隊員に決起を呼びかけた後、割腹自殺した。
そしてこの年、ジミ・ヘンドリックスとジャニスが、さらに翌年にはドアーズのジム・モリスンが、相次いで世を去り、ビートルズも解散した。

『アフター・ザ・ゴールド・ラッシュ』には、リベラルなカナダからやってきたニール・ヤングが、保守的なアメリカの南部の闇を攻撃する『サザン・マン』のような激しい歌もあるが、全体的にはアコースティック・サウンドの、自分の内面を、もう一度静かに見つめようとするかのようなアルバムだった。
『バーズ』は、恋の終わりを告げる別れの歌だが、それは同時に、熱い愛の夏《サマー・オブ・ラヴ》の中にあった六十年代への、別れの歌でもあると感じた。

君を残して
飛び去ってしまう僕を見つめる君の目に
ほら
落ちる影が……
舞い落ちてくる鳥たちの羽根が
君の行くべき道を
指し示してくれている。

もう、終わったんだ。
もう、終わったんだ。

ニール・ヤングの体は、ロック・ムーヴメントという名の遺伝子でできている。だから、どんなに時代が変わろうと、彼自身が歳をとろうと、彼の体は、常にロックそのものであり続ける。あるいは、そうあり続けるのが自分だということを、ニール・ヤングはこのアルバムで自覚したように見える。

愛する人よ。
巣の中で翼にくるまって眠る君に
ほらこうして特別な朝が
もう一つの一日を運んできてくれる。

明日という日は
今日が決して見られないことを
見るのだから。

　時代の風の不思議さは、たとえどんなにわずかでも、その変化が、その風と共に生きる多くの人々の体に伝わることだ。ニール・ヤングが『アフター・ザ・ゴールドラッシュ』を出したまさにこの年、ドキドキワクワクするような、時が自分と一緒に、前に向かって突き進んでいるような高揚感に満ちた、ロック草創期のゴールドラッシュが、ふいに終わってしまったと、なぜか私もそう思った。

　もちろんウッドストック以降、ロックのマーケットは飛躍的に拡大し、無数のバンドも登場し始めた。しかし、それはもう、そうではない何かだった。

　だからといって、でも、これから何を……？

1970

愛しい私の
レディ・ダバンヴィル
キャット・スティーヴンス

『愛しい私のレディ・ダバンヴィル（My Lady D'Arbanville）』は、ロックバンドの一般的なスタイルを超越した、独自のロマンティックな詩情とオーバージャンルの音楽性で、たちまち世界中の、やさしい愛に飢えていた人々の心をとらえたキャット・スティーヴンスの三枚目のアルバム『Mona Bone Jakon』に収められた、繊細無比の感傷愛歌。

愛しい私のレディ・ダバンヴィル。
あなたの眠りは、どうしてそんなに静かなの？
あなたを起こすのは明日の朝にしよう。
そうして起きたら
僕の心はもう、あなたでいっぱい。
そうきっと、あなたでいっぱい。

愛しい私のレディ・ダバンヴィル。
あなたを見ていると、どうしてこんなに哀しいの？
あなたの心臓の鼓動はとても静かで
吐息だって、とても微《かす》かで
まるで息をしていないみたい。
あなたの吐息は、どうしてそんなに、微かなの？

　人の心は、複雑で理不尽なこの世を生きていくには、時に、あまりにも脆《もろ》い。だからといって、感じる心を鈍らせてしまえば、自分らしさや大切な何かが、どこかに消えてしまう気がする。
　キャット・スティーヴンスの歌は、感じやすい心、というより、繊細すぎるほどの感受性を持ってしまった人が、それでも生きていくせつなさや、そこで感じてしまった哀しさを、美しい歌にして歌うことで、なんとか生きていこうとする健気《けなげ》さと、どこかで重なり合っている。

私はもう、あなたのことを愛してしまったから
もしもあなたが
お墓の中に横たわることになったとしても
ずっとずっと、一緒にいるよ。
でも、このバラの花は死んだりはしない。
絶対に、死んだりなんかしない。

ロックの草創期に、多くのロック・ミュージシャンたちが、強いビートとともに愛を歌い、あるいは社会的なメッセージを歌に込め外に向かって発散するなかで、キャット・スティーヴンスは、それとは異質のアプローチで歌をつくった。人間であれば、ほんとうは誰もが持っている傷つきやすい心や、だからこそ感じとれる美しさや儚《はかな》さを、心に染みる歌にして世界的な

スターとなった。
しかし、ロックムーヴメントの大きなうねりが終焉《しゅうえん》した一九七七年、キャット・スティーヴンスは突如イスラム教に改宗し、名前を変えて表舞台から姿を消した。

1970

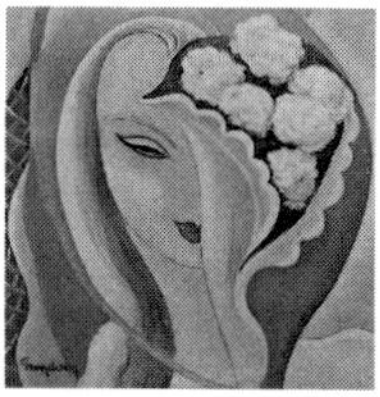

レイラ
デレク&ドミノス

僕をひざまずかせた君じゃないか。
レイラ。
こんなにお願いしてるじゃないか。
レイラ、いとしい人よ。
いまこそ僕を楽にしてあげたいって
思わないの？

僕だって君を
楽にしてあげたいんだ。
苦しめようなんて
思ってなんかいない。
でも、もう気が狂いそうだ。
ずっと、そして今も
君を愛し続けてる。
君に会ってから
人生で何が大事で
何がそうでないかも
わからなくなってしまった。

『レイラ（Layla）』は、ジェフ・ベック、ジミー・ペイジ等を輩出した伝説のバンド、ヤードバーズからスタートし、ジョン・メイオール・ブルース・ブレイカーズ、クリーム、ブラインド・フェイスと、ロックの最前線に立ち続けてきたクラプトンが、アメリカに渡り、デレク・アンド・ドミノスのバンド名でつくったアルバム『Layla and Other Assorted Love Songs（邦題 いとしのレイラ）』のなかの、ロック史上最も有名な略奪愛歌。

レイラ。

アーサー王の時代から、なぜかイギリスには、親友の妻に恋をする破滅的で運命的な恋の物語が多い。ただ、王の后《きさき》に恋をした円卓の騎士ランスロットもそうであったように、その恋は誰もが知っているにもかかわらず、建前としては秘められた恋だというところもイギリス風。そういう美意識のようなものが一種の文化的伝統なのかどうかは分からないが、ともかく、ここで歌われている女性が、ビートルズのジョージ・ハリスンの妻のパティだったことは、印象的なギターと、クラプトンが苦しげに「レイラ」と叫ぶイントロと同じく、わざわざここに書くまでもないほど知れ渡っている。

ここから
もっとましな状態に続く道を
いっしょに探そうよ。
そうじゃないと変になってしまう。

そんな道なんて決して見つかりはしないなんて
お願いだから言わないで。
愛しい人よ
僕がその道を行くことを許して。

嵐の時代を、とにもかくにも生き延びながら、クラプトンが歳月を超えて歌い継いで来たレイラの歌詞は、時と共に、微妙に歌詞が変わっている。ここに訳したのは、一九七〇年の、デレク・アンド・ドミノスでのオリジナル・ヴァージョンの歌詞。

このヴァージョンは、とにかくデュアン・オールマンのスライドギターが狂おしいほどに凄まじく、振り絞るようなクラプトンの声と相まって、この歌を特別な歌にしている。

前半の激しい演奏のあとの、後半のピアノとロングトーンのギターが絡《から》み合う美しいエレジーとのバランスも絶妙。

ユア・ソング
エルトン・ジョン

『ユア・ソング（Your Song）』は、エルトン・ジョンのセカンドアルバム『Elton John』の一曲目。生涯のクリエイティヴ・パートナー、バーニー・トーピンとの共作で、出来過ぎるほどよくできた名曲。あっという間に出来たという伝説のある、天衣無縫《てんいむほう》のミラクル純愛歌。

ちょっと変だよね。
僕の心の中のこの気持。
僕は、こんな気持を
素知らぬ顔で隠していられるような
そんな人間じゃないんだ。
だけど
僕は二人が住めるような大きな家なんて買えないし
もし僕が彫刻家だったら……
と思ったりもするけど
でもそうじゃないし
旅のサーカスの魔法使いでもない。
たいしたものじゃないってことはわかってるけど
でもこれが僕にできる最良のこと。
僕のプレゼントは僕の歌。
そして
この歌は君の歌。

人が人に恋をする瞬間の不思議さや素晴らしさを、これほどシンプルに歌った歌はないかもしれない。作為の極地とも、無作為の賜《たまもの》ともいえる、あえていえば、あざとさと紙一重の歌詞。歌詞と曲と歌声とがぴったりと溶け合って、ちょっとくすぐったい気もするけれども、誰もが心のどこかには、きっと、こんな青く淡い恋心を大切なものとして秘めている。

君が、変な歌だとか
思ったりしなかったらいいんだけど。
君がいる世界で生きて行くって
なんて素晴らしいんだろう。

屋根の上に登って
屋根の苔《こけ》を蹴っ飛ばして
なんて言ったらいいか……
歌詞の中のいくつかの言葉のことなんだけど
それは
心に浮かんだ言葉を書き留めただけなんだ。
でも
そうしてこの歌を書いているあいだじゅう
お陽さまの光がとても優しかった。

爽《さわ》やかな、春の若葉の緑のようなフレッシュな恋心の歌が、同性愛者のエルトン・ジョンとバーニー・トーピンによるものだというのも、考えてみれば面白い。こんな歌なら自分にだってつくれると、ふと誰もが思ってしまうほど自然な歌だが、もちろんこんな歌は、おそらく誰にもつくれない。

ただ、こんな気持を何らかの言葉にして、あるいは、なんなら恋人に、ささやかなプレゼントとして、この歌を思いきって歌ってあげたら、気持は伝わるとなぜか思える。

きっとこの歌は、そんなふうに世界中で、無数の恋人たちの間で歌われたにちがいない。そしてエルトン・ジョンもまた、この歌を、今も歌う。なぜなら、むかしから歌の多くはラブソングだから。

ディランやビートルズが、愛の概念を大きく広げ、どこまでも深くほりさげ、あるいはそれを、人や社会の本質と触れ合うまでに豊かなものにしてくれたけれど、でも、それでもやっぱりラブソングは、歌にとっての永遠のテーマ。『ユア・ソング』は、そんなことをふと感じさせる、ロックの盲点をつくような、あるいは源《みなもと》にたちかえるような歌だった。

1970

ア・ソング・フォー・ユー
レオン・ラッセル

レオン・ラッセルは、十代のころから音楽業界で働き、ロックムーヴメントが始まる前から、モータウン・レーベルなどの一流ミュージシャンたちのレコーディングに参加していたが、ロックの時代になってさらに本領を発揮しはじめ、無数のビッグ・ヒットに関与し、多くのロックスターたちのレコーディングに欠かせない、スーパー・ピアニスト、ソングライター、アレンジャーとして一世を風靡《ふうび》、ひっぱりだこのカリスマミュージシャンとなっていた。

『ア・ソング・フォー・ユー（a Song for You）』は、そんなレオン・ラッセルが自ら立ち上げたシェルター・

レーベルから出した最初のアルバム、『レオン・ラッセル（Leon Russell）』の冒頭に流れる、ラブソングのお手本のような素晴らしい愛歌。

アルバムは、南部をルーツとするさまざまな音楽の要素をカラッと奔放《ほんぽう》に、自由自在に取り入れながらも、それらを、さらりと都会的でおしゃれなスパイスを効かせて仕上げた、いかにもレオン・ラッセルらしい歌が満載のアルバムだが、『ア・ソング・フォー・ユー』は、そのなかにあって唯一の、静かで美しいバラード。

いろんな時を生きてきた。
数えきれないほどの場所で
数えきれないほどの歌を歌ってきた。
そんなにできのよくない歌だってつくった。
一万人もの人がみつめるステージの上で
くりかえし、くりかえし
僕は愛の歌を歌った。

君が僕のことを
良く思ってくれていることは知っている。
でも僕は、君に優しくなかった。
きっと僕には、君をちゃんと見ることができなかったのだと思う。

君は、どんな見返りも求めないで僕にとっても素晴らしい人生の秘密を
本当のことが本当はどんなことなのかということを教えてくれた。
でも僕は今、むかしとくらべたら
ずっと良くなっていると思う。
もし、信じられなかったら
僕がつくったこの曲を聞いて欲しい
曲のどこかにきっと
僕の愛が隠れているのが分かるから。
愛しているよ、時間も空間もない場所で

愛しているよ、だって
君はずっと、僕の人生の友でいてくれたもの。
だから、僕がもし死んだら
僕らが一緒だった時のことを思いだして。

　アルバムの録音には、元ビートルズのジョージ・ハリスンとリンゴ・スター。ローリング・ストーンズのチャーリー・ワッツとビル・ワイマン。ギタリストにはエリック・クラプトンやスチーブ・ウインウッド、ビートルズのリボルバーのジャケットの絵を描き、後にジョンのプラスティック・オノ・バンドにも参加したベーシストのクラウス・ボアマン。そしてデラニー&ボニーなど、当時の、超のつくロックスターたちが大挙参加していて、まるでロックのオールスター大饗宴《パーティ》。

　もちろん、これで話題にならないはずがなく、『ア・ソング・フォー・ユー』も大ヒットして、レオン・ラッセルとシェルター・レーベルの名を世界中に知らしめた。

　当時は、一体全体何事かと思ったが、しかし、その後、シェルター・レーベルが果した素晴らしい役割を見れば、これはレオンが、自分のためにではなく、シエルターを稼働させることを考えて打ち上げた、一世一代の大花火、彼の知力と人間力と音学力と戦略力を総動員した、すさまじいプローモーションだったことが分かる。

君は、どんな見返りも求めないで僕に
とっても素晴らしい人生の秘密を
本当のことが本当はどんなことなのか
ということを教えてくれた。
愛しているよ、時間も空間もない場所で
愛しているよ、だって
君は、ずっと、僕の人生の友でいてくれたもの。
だから、僕がもし死んだら
僕らが一緒だった時のことを思いだして。

僕らはたがいにひとりぼっちだったけど
でも、僕はいつも君のことを想って
この歌を歌っていた。

そのころまだ大学2年生だった私から見れば、レオン・ラッセルはずいぶん貫録があり、大ベテランに見えたが、しかし考えてみれば、この時、彼はまだ三十歳になったばかり。そんな歳で、よくこれだけのことができたものだと、今になってみればそう思う。

もしかしたら、それもまた、当時のロック・ムーヴメントが持っていた創造的密度の高さによるものなのかもしれない。

そのころ若者たちのあいだには、三十歳以上は信用するな、という合言葉さえあった。もしかしたら、長い間、音楽業界で苦労もしてきたレオン・ラッセルであってみれば、これは彼にとって、信用できる大人となるための、秘かな儀式だったのかもしれない。

太陽の女神
ジェシ・デイビス

1970

『太陽の女神（Golden Sun Goddess）』は、生粋《きっすい》のネイティヴ・アメリカンで、実に味わい深いギタープレイと声を持つジェシ・デイビスのデビューアルバム『Jesse Davis』のなかの森羅万象《しんらばんしょう》おおらか愛歌。エリック・クラプトンやレオン・ラッセルなどの強力なバックアップを得て創られた名演ぞろいのアルバムで、レオンが設立したばかりのシェルター・レーベルからリリースされた。ジャケットは父親が描いた絵。

青い宇宙みたいな
オーシャングリーンの目をしたあの娘。

髪の毛はまるで輝く太陽の光。
金色の滴《しずく》のように愛を振りまきながら
すべての人のところにやって来る。
あの娘はすべての物事の終わりで
そして始まり。
ハレルヤ!
信じるといいよ。
あの娘の愛のなかには良い神さまが住んでいる。
ハレルヤ!
信じていい。
あの娘の心のなかには良い神さまがいる。

ロックムーヴメントが、ジェシ・デイビスのようなアーティストを得たことは、実に素晴らしい事件だった。アルバムのジャケットには、上半身が裸のネイティヴ・アメリカンの男が、平和のパイプのようなものを吸っている絵が描かれていて、彼がアングロサクソンの白人の文化や、アフリカ系のアメリカ人の過酷な

歴史を背負ったブルースに象徴されるような文化や、流浪の民であるロマたちの文化とはまったくちがう文化の流れを宿したロック・アーティストだということが良く分かる。
歌詞もおおらかで、良い神さまという表現も、すべてを仕切る厳格な旧約聖書の、絶対的で重々しい神なんかとはちがって、いかにもネイティヴ・アメリカンらしくて気持よかった。

ハレルヤ!
信じていい。
あの娘のやること成すことすべての中に
良い神さまがいる。
あの娘と神さまとが美しいハーモニーを奏でる。
どっちも素敵で
おまけにあの娘はちゃんと
正しい時に正しいことをする。
バイヴレーションの輪を素敵につなげて

あの娘は、すべての人のところにやって来る。
あの娘は
すべての物事の終わりで
そして始まり。

ロックは、国を超え文化の違いを超えて、アジアの片隅にいる少年とロンドンのウエストエンドにいる少女とが、歌を介して同じ想いを共有するという、実に不思議な、歴史上かつてなかった現象を創り出した。

だからこそ、ジェシ・デイビスがストラスキャスターを抱えて、ジョージ・ハリスンのバングラデシュ救済コンサートの舞台に、ディランやクラプトンやレオン・ラッセルやラビ・シャンカールと共に立つという素敵なことも起きた。

ロックは、音と言葉とがサウンドとして一体となった音楽だったから、それに誰もが、自分の心身と共振させるかたちでつくった歌だったから、生身の人間の歌だったから、つまり人間なら誰もが持っている人の心身に寄り添う歌だったから、だから言葉の壁を超え、黒人や白人や黄色人種などという、何の役にも立たない区別も超えて、場所や文化の違いをこえた地球人の歌として、誰もがそれを、同じ時に、同じような気持で聞くことができた。それはたぶん、かつてなかったことだった。

しかし同時に、ロックはすでに、巨大なマーケットを持つようになり、ウッドストックによってそのパワーを実感させられた音楽業界はこぞって、新たな時代の新たなビジネスアイテムとしてロックを扱い始めた。

テレビはモンキーズなどの即席バンドをスターに仕立て上げ、ロックのヒット曲をカヴァーする大御所も現れ、アーティストの分捕り合戦は激しさを増し、一獲千金の金の卵を求めて、レコード会社は新たな才能《タレント》の囲い込みに血眼《ちまなこ》になった。

なかにはそこからスターになるものもいたが、条件は厳しく、契約のことなどろくに知らないミュージシャンたちは、赤ん坊の手をひねるように搾取《さくしゅ》され、あるいは騙《だま》され、売れなければもちろん、たちまちボロキレのように使い捨てにされた。ようするにそこで重要なのは、売れるか売れないかであって、歌の良さなどではない、といった状況が蔓延《まんえん》し始めていた。
　そこにこそ、レオン・ラッセルがシェルター（Shelter避難場所）というレーベル、素晴らしい音楽性やメッセージや豊かな可能性を持つ表現者を世に出すしくみを創り出した理由があった。

マザー
ジョン・レノン

1970

『マザー（Mother）』は、空中分解してしまったビートルズを離れたジョン・レノンの、初めてのソロアルバム『John Lennon / Plastic Ono Band（邦題・ジョンの魂）』の冒頭に鳴り響いた悲痛な歌。母からも父からも離れて、実の親の愛を受けずに育ったジョン・レノンの悲鳴のような叫び声が胸に迫る、悲歌というしかない愛歌。

お母さん。
僕はあなたのものだったけど
あなたは一度も僕のものじゃなかった。

だから僕は
いまあなたに言おうと思う。
さようなら、さようなら。

おとうさん。
あなたは僕を置いて行ってしまった。
僕があなたを置いて行ったことは
一度もないのに……
僕にはあなたが必要だったけど
あなたには僕が必要じゃなかった。
だから僕は
いまあなたに言おうと思う。
さようなら、さようなら。

名声も富も、なにもかも手にしていたはずのビートルズのジョン・レノンが、自分をさらけ出し、悲痛な叫びを体の奥から絞り出すようにして歌った歌。

ただ、もしかしたら、コンセプチュアルアーティストのオノ・ヨーコの影響なのかもしれないが、歌詞のつくり方そのものは、やや類型的で、ビートルズのジョンの、破天荒《はてんこう》な広がり感のようなものはなく、このような歌をつくろうとしてつくったという感じがしなくもない。しかしそれでも、ジョンのパフォーマンス能力はさすがで、歌詞が持っている枠組のようなものを、ジョンの歌声は完全に突破して、聴く者の心の奥底にまで届く。

ママ出て行かないで。
ダディ家に帰ってきて。
ママ出て行かないで。
ダディ家に帰ってきて。

「ママ出て行かないで。ダディ家に帰ってきて」と、延々と叫び続けるジョン。しかし天才ジョンは、何をテーマにしても、どこから何を始めても、結局、自分にしかできない何かを目指す。

たぶんジョンは、自分のことを歌っているのではない。そうではなく、その向こうにある無数の痛みと向かい合っているのだと、なぜか感じる。

この歌には、いろんなことを背負い、いろんなことを、なぜか心身で知ってしまった自分が表現できる最大限の何かを、常に目指すことが自分の運命《デスティニィ》だと、それがジョンだと覚悟しているからこそつくりだせる、確かさがあった。

あるいは草花が、赤なら赤の、白なら白の花を、春が来れば咲かせるような、自然な律義さ《ナチュラルオネスティ》。それはつまり、ビートルズのなかにあった、正直さ、もしくは懸命さ。

第六フェーズ　エコーズ

1971～1974

1971

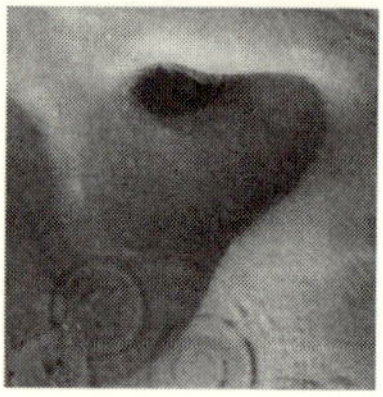

エコーズ
ピンク・フロイド

ピンク・フロイドは、『原始心母（Atom Heart Mother）』を発表したあたりから独自の道を歩み始めたが、それに続いて発表した『おせっかい（Meddle）』、とりわけそのなかの、二十三分を超える彼らの記念碑とも言うべき大作『エコーズ（Echoes）』は、彼らが自らの行くべき道を宣言した飛翔《ひしょう》愛歌で、唯一無二、孤高のピンク・フロイドとしての音の空間を構築した作品。

この年、バングラデシュが過酷な独立戦争を経てパキスタンから独立したが、その過程で国は壊滅的な状態となり、それに洪水が重なって無数の孤児や難民や餓死者が出る事態となった。

バングラデシュ地方は、もともとは、ガンジス川のほとりの、古代から栄えた豊かな土地であったにもかかわらず、16世紀にイギリスの植民地となって以来、搾取《さくしゅ》の対象となって、人々は貧困と飢餓に苦しむようになった。

ベンガル語を話す人々という意味を持つバングラデシュ地方を含むインド一帯では、やがてイギリスからの独立の気運が高まるが、イギリスによる、宗教の違いや民族間の対立などを利用した老獪《ろうかい》な工作によって、インドは内戦状態に陥《おちい》り、20世紀にはインドとパキスタンの恒常的な分離独立戦争が起き、バングラデシュはそのはざまで翻弄《ほんろう》され続けた。

やがてインド一帯は、ヒンドゥー教徒を主体とするインドと、イスラム教徒を主体とする東西パキスタンがインドを挟《はさ》んで別れて独立するという異常な事態となった。

そんななかでバングラデシュ地方は当初、東パキスタンに組み入れられたが、同じイスラム教を信奉するとはいっても、主にベンガル語を話すバングラデシュが、インドを挟んで遠く離れたウルドゥー語を話す西パキスタンの支配下にあることには無理があった。

当然のように独立を求めるバングラデシュを、西パキスタンが軍事制圧したため、バングラデシュ独立戦争が始まり、一帯は、インドとパキスタンとバングラデシュとの三つどもえの戦乱状態に陥ってしまった。

バングラデシュは結局、一九七一年に、パキスタンがインドに負けたことによって、パキスタンからの独立をはたすことになるが、長い戦争による国土や産業や社会運営システムの破壊、人心の疲弊《ひへい》、民族間のわだかまり、インフラ整備の遅れ、といった深刻な後遺症が尾を引き、バングラデシュは現在でも貧しいままの状態にある。

このようなことをあえて記したのは、欧米の先進諸国が、かつては貧しいながらも平和な暮らしを送っていた世界中のさまざまな地方を、長い間、植民地支配してきたことによる矛盾や弊害《へいがい》が、今日の世界中の戦争や地域間の対立や貧困の元凶《げんきょう》となっていることが多く、バングラデシュが強《し》いられた理不尽な苦境や悲惨もまた、その一つだということを言いたかったからにほかならない。

列強が自分たちの利益のために、異なる民族や文化や宗教を持つ地域を混ぜ合わせて植民地として統治したり、逆に、もともと同じ文化圏にある地域を、強国の力関係や事情によって分断したり、さまざまな民族や文化がある地域に、まるで地図に線を引くかのように大国の利害関係を反映させた国境線を勝手に引いて民族を引き裂いたり、さらには、それなりの均衡《きんこう》を保っていた地域に、強引に、それまで無かった国家をつくったり、正義の名のもとに大国が小国の営みに軍事力を背景に関与したりした。

近代において、当たり前のように行われてきたこうした大国の横暴が、世界中の戦乱の火種となって今に至っている。

ともあれバングラデシュもまた、そのような理不尽な背景を背負いながら独立はしたものの、国全体が悲惨な状態になり、膨大な難民や餓死者《がししゃ》に苦しむ事態に陥ってしまった。

その窮状《きゅうじょう》を見るに見かねて、解散したビートルズのジョージ・ハリスンが、ニューヨークで行なった『バングラデシュ救済コンサート（The Concert for Bangla Desh）』は、一部の心ない人々からは、ロックスターの気紛れや自己満足や偽善のように言われもした。しかし、現実的に莫大な寄付を集めて、戦争孤児をはじめとする多くの人々を、たとえ一時的にではあれ、餓死から救ったことは確かだ。同じ人間たちの苦境に、豊かな人々が救いの手を差し伸べることは、少なくとも、何もしないよりずっといい。

それよりなにより、リンゴ・スターやエリック・クラプトンやボブ・ディランやレオン・ラッセルたちのロックスターたちがノーギャラで参加し、後のロックスターたちによるチャリティ・イベントのモデルとなったこのコンサートが、地球上で起きていることのすべては、いまや私たちの日々の暮らしと決して無縁ではないことを、ロックファンをはじめ、世界中の人々に知らしめたことは、極めて大きな意義があった。

愛と平和、そしてそのための闘いや自由を歌うロックは、もともと、反戦や人種差別や反権力的な精神と共にあったが、さらに、より深い次元で、あるいは何気なく、人間と社会のありようの、あらゆることを、表現のテーマのなかに取り込んでいくことになる。

見上げれば
アホウドリが空中に浮かんで
静止している。
うねる波の下では遠い時代の残響が
ゆらゆらと海の底の砂地を渡って

珊瑚《さんご》の迷宮のなかに入り込む。
海の底では
なにもかもが、緑。

誰も私たちに
どこに陸があるのかを教えてくれなかった。
誰も自分がどこにいるのか
どうしてそこにいるのかも
知らなかった。
ただ
何かがうごめき
何かをしようとし始めていた。
いままさに光に向かって
昇り始めようとしていた。

日本では、住民の反対を無視して、成田空港建設のための強制執行が行われ、アフリカのウガンダでは、アミンが軍事クーデターを起こし、反対勢力を弾圧、虐殺し始めた。またチリではこの年、アジェンダ大統領からフランス駐在大使に任命された詩人のパブロ・ネルーダがノーベル賞を受賞し、二年後、アジェンダが軍事クーデターによって暗殺された年に死去する。

一方、小型コンピューターを可能にするマイクロプロセッサーが開発され、コンピューター時代への扉を開いた。

新旧のせめぎ合いのなかで、急激な変化に対して、地球上のあちらこちらで、既存の権力の巻き返しや、若者たちのムーヴメントを、ビジネスシステムのなかに取り込もうとする動きが活発化し始めていた。

『原始心母』で、地球的な何かを感じさせたピンク・フロイドは、『エコー』によって、言葉と音と空間と普遍とを融合させ、明らかに、それまでのロックとは違う次元を目指し始めた。

誰も私たちに
進めと言ってはくれなかった。

誰も私たちの目を閉じさせようともしなかった。
誰もしゃべらず
誰も何もしようとはせず
誰も
太陽の回りを飛び回ったりなどしなかった。

誰も私に
子守歌など歌ってくれなかった。
誰も私の目を閉じさせてはくれなかった。
だから私は
窓という窓を大きく開け放ち
空の彼方の
あなたを呼ぶ。

ピンク・フロイドの音の空間には、方向性や意志のようなものを感じさせる大気が満ちていた。それは単なる音楽を超えるぞという、一つの宣言であり、そして見事に、彼らにしかできない音の空間《スペース》を構築し、それを広げて妨げない言葉を獲得した。『エコー』は、そんな彼らの孤立無援《こりつむえん》の闘いの始まりだった。

ちなみにピンク・フロイドがサウンド・トラックを担当した映画『モア』は、地中海に浮かぶ島、イビサ島という不思議な空間が舞台だった。後に「多様な自然と文化の共生」という名目で世界遺産に指定されることになる美しい島には、世界中から、そうではない世界、そうではない生き方を求める人たちが集まり、自由で個性的でコスモポリティックな、独特の、世界の最先端の感覚と呼応する文化人間空間が創りだされようとしていた。

『モア』の中に、『イビサ・バー』という曲が収められているが、それはイビサの旧市街にあるモンテ・ソル（太陽の輝く山という意味）という名のカフェ・バーのことで、そこにはいつも、イージーライダーのキャプテンアメリカやビリーのような連中、あるいはとんがったファッション雑誌から抜け出て来たような女性や、国籍不明、職業不明、貧富不明の連中が、もともと島に住んでいるイビセンコ（イビサ人）のお爺さんたちに混じってたむろしていた。
　夜ともなれば、そこやかしこのバーやブティックから最先端の音楽が溢れ出た。やがて私も、風に吹き寄せられるようにして、イビサの住人になっていくが、ともあれロックも社会も、すでに、もう一つの高みを目指すべき時期に来ていた。しかし社会は、次第に進むべき方向を見失っていく。

天国への階段
レッド・ツェッペリン

1971

ピンク・フロイドと同じように、『移民の歌』『ホール・ロッタ・ラヴ』に象徴されるハードなリズムとシャウトで圧倒するスタイルで突っ走ってきたツエッペリンもまた、変化を指向した。『天国への階段（Stairway to Heaven）』は、彼らがそんな意志をこめた、彼らの四枚目の、タイトルの無いアルバムのなかの、美しいアコースティックギターと笛の音色で始まる、決意表明のようなニュアンスを含んだ不思議な歌。

ここに
身につけている光物の全てが

黄金である貴婦人がいる。
彼女は黄金で
天国への階段を買おうとしている。
でも、もしお店が閉まっていたとしたら
彼女はどうするつもりだろう。
そのために来たのにと
言うのだろうか。
ああ彼女は
天国への階段を買おうとしている。

静かなイントロを聞いただけで、彼らが強い想いを抱いてこの歌をつくったのだということが、ひしひしと伝わってくる。それでもサービス精神の旺盛な彼らは、途中から強烈なツエッペリン節を展開するが、しかし最初にステージでこの歌を演奏した時、果して観客が受け入れてくれるかと、若干、心配したりもしたらしい。

歌の中で、天国への階段を買いに来た婦人は、店の壁に、閉店のお知らせが貼ってあるのを見るが、それで動じる風もない。「だって言葉はときどき、別の意味を持つことがあるでしょう」とでも言いだしそう。ようするに、金の力でどうにでもなると思っているのかもしれない。そうして生きてきたのだろう。

小川のほとりの木に
歌をさえずっている鳥がいる。
もしかしたら
私たちの考えていることなんて
みんな、あやふや？

ああ、私はどうすればいいのだろう。
ああ、私はどうすればいいのだろう。

こずえでさえずる鳥の声の確かさ。それに比べて、自分たち人間の考えることは、なんてあやふやなんだろう。でもだからといって、人間である私は、どうすればいいんだろう。

西の方を見た時に
ふと感じたことなんだけど
僕の心は
この場所を離れたがって泣き叫んでいた。
心のなかで
煙の輪がいくつも木々の間を通り抜けて行った。
そして
それを眺めている人のささやきが聞こえた。

　泣き叫ばずにはいられないほどの、孤独感、あるいは疎外感《そがいかん》。目に映る木々の向こうに、体から離れた魂のようなものが、体をその場に残して離れていく。木々のあいだを通り抜けていく。

　そのようすは、私の心のなかの出来事なので、誰にも見えないはずなのに、なぜか、それを眺めている人たちがいて、それについて何か、ささやきあっている声も聞こえる。

そのささやきは
僕たちがみんなが
それに調子を合わせさえすれば
すぐに笛の音となって
僕たちが行くべき路へと導いてくれる。
そして
一人ぼっちで立ち尽くしていた人たちのための
新しい一日が始まる。
そして森に、笑い声がこだまする。

　森の中にいるのは私だけではない。どうやら仲間もいて、もしかしたら、なぜか同じようなことを思っていて、だから、眺めている人たちのささやきは、おそらく仲間たちにも聞こえていて、みんなでそれに合わせれば、それがたちまちに笛の音に変わって、私たちが行かなくちゃいけない場所へと、導いてくれる。

そこではきっと、それまで同じように立ち尽くしていた人たちがいて、その人たちの顔にも、私たちの顔にも、笑みが溢れ、それまでとは違った、新しい一日が始まり、笑い声が森にこだまする。

君の頭のなかで音がして
無意識の中にいる君に
進めと言う。
笛吹《ふえふき》が
一緒においでと言っている。

どうやら、私も君も、無意識に中にいる。そんな君に、進めという声がする。それが分かるからには、君は私でもあるのだろう。それに笛の音そのものが、木々のあいだをすり抜ける煙のようなものを見てささやきあっていた人たちの声と私たちのことが、一緒になったものなのだから、それはみんなの声でもあるのだろう。

いつのまにか笛吹きもいて、その人もまた、一緒に行こうと言っている。だから……

もし君が一所懸命
耳を澄ますなら
きっと、そのうち
一つの調べが聴こえてくるだろう。
もし僕たちが
てんでに転がる小石のようにではなく
岩《ロック》のように一つになり
そして一つが全てとなる
その時。

このような歌の、言葉の内容を詮索《せんさく》するのは、それほど意味のあることではない。しかし、この不思議な詩のような言葉と音に耳を澄ませば、自ずと自分のなかで何かが共鳴する。自分の身体《からだ》が溶けて透明になり、こことむこう、あるいは自分と他者との境を超えて、次第に彼らと一体になっていくような感覚を覚える。

そして最終章。「もし君が耳を澄ますなら、僕たち全てが一つになり、一つが全てになるその時、一つの調べが聴こえてくる」という見事なフレーズ。

もとはといえば、ばらばらの個性の集まりであるバンドがつくり得る音の、あるいはバンドと聴衆との、最良の関係のありようのヒントのようなものがそこにはある。

つまりこれは、彼らの願いにも似た、バンドとしての信念、あるいは確信の表明のように、私には聞こえる。そしてそれだけではなく、金で天国への階段を買おうとする婦人の存在と対比させて歌われるこの歌は、これからの時代の、人と心のあるべきありようを、黙示してもいる。

結果的にこのアルバムは、彼らの作品のなかで最も、そしてロック史上、最も受け入れられたアルバムの一つとなった。それはすなわち、彼らの想いを感じ取る私（たち）が、それだけたくさんいたことの一つの証。

ちなみにタイトルのないこのアルバムには、メンバーの四人の名前さえ表記されておらず、メンバーのそれぞれを象徴するマークのようなものがあるに過ぎない。さすがに歌の題名《タイトル》は記されているけれども、そんな思い切りのよさに加え、彼らが自分たちの感覚を、雑音を廃して、そこまで徹底して表明したことは素晴らしい。

1971

プレイング・イン・ザ・バンド
グレイトフル・デッド

ロックムーヴメントの最初期から、最強のライブバンドとして活躍していたロック天国バンド、グレイトフル・デッドは、他の無数のバンドとは一線を画す、独立独歩の道を歩んだ。

何よりもライブを重視し、当初からフリー・コンサートを突然始めることで有名だったグレイトフル・デッドは、音楽ビジネスの囲い込みを拒否するかのように、熱烈なファンであるデッド・ヘッドというファミリーと共に生き、彼らの音楽を心から楽しむ者と共に歩み続けた。

本拠地であるカリフォルニアには、最先端のエンジニアたちも大勢いて、音の壁と呼ばれた巨大なサウンドシステムなどを組んで、最良の音を追求したり、ファミリーの絆の証のグッヅを売ったり、細かなことには頓着《とんちゃく》せずに自由にコンサートを録音させたために、無数の海賊版《ブートレック》が出回ったりした。『プレイング・イン・ザ・バンド（Playing in the Band）』は、彼らのシンボルとも言うべき薔薇《ばら》と骸骨をあしらった、ファン待望の公式ライブアルバム『Grateful Dead（Skull & Roses）』のなかの音楽愛歌。

良識とかを信じたりしてる人もいるけど
まあ、その人が信じてるのは本当は
自分自身だろうね。
僕はなんにも信じない。
でも僕は
これから何かが始まるぞ、ってのは分かる。
もういっぺん言おうか。
わかってくれたら嬉しいんだけど。

いよいよ始まる頃なんだけど。
とにかく
人間は人間ってことさ。

バンド演奏、バンド演奏。
夜明けだ、夜明けだ。
大地の夜明けだ。

人間は死んでしまえば誰でも骸骨。なのに、綺麗な衣装で着飾って、誰が好きだの嫌いだのと大騒ぎ。恋をしたり化粧をしたり、ダイヤモンドで胸や指を飾ったり、金の鎖《くさり》をジャラジャラさせたり、ブランド物で全身を固めてみたり、悩んでみたり憎んでみたり、わざわざほかの国にまで出かけて戦争したり、株を買って大損したり儲けたり、なんだかんだと忙しい。一皮むけば、みんな骸骨じゃないか。まったくどうしようもないアホだね人間は。
とはいうものの、生きてるうちは、美しいものを求めるのが人間の性《さが》。楽しいこと嬉しいことを求めるのが人間。ハッキリ言って、だからこそ人間。そうでなければ悪いことばっかり企むただのアホ。同じアホなら歌わにゃソンソン、とばかりに演奏しまくるグレイトフル・デッド。

ワーオ。
僕の言う通りになってきたぞ。
僕がバンド演奏している間
君はただ
ついてきてくれればいい。
もしも誰かが
君を取り囲んじゃったりしても
別に悪気なんかあるわけない。
だって
バンド演奏なんだから。
バンド演奏、バンド演奏。

夜明けだ、夜明けだ。
大地の夜明けだ。

とにかく、音楽を演《や》ることの楽しさ、みんなが集まって音楽を聞くことの楽しさ、演る方と聞く方が一緒になって大騒ぎする楽しさ、そんな楽しさを糧《かて》に、脇目もふらずに走り続け、時代が変わっても、バンドを構成する細胞がどんどん新陳代謝《しんちんたいしゃ》を繰り返しても、親分のジェリー・ガルシアが亡くなってもなお我が路を行き、メンバーの出入りがあろうがなかろうが、いざ演奏が始まれば、毎度おなじみのデッド・サウンドを繰り広げた筋金入りのライブバンド、グレイトフル・デッドは、まるで一つの独立自由共同体のようなバンドだった。

108

ゲット・イッツ・オン
T・レックス

1971

『ゲット・イッツ・オン（Get it on）』は、ボウイと共に、斬新《ざんしん》な音と化粧と衣装でグラムロックの覇者《はしゃ》となったマーク・ボランの二枚目のアルバムだが、シェルター・レーベルを創設したレオン・ラッセルの影響で開眼したマーク・ボランの、シェルターからリリースされた、実質的なデビューアルバム、『Electric Warrior（邦題 電気の武者）』のなかの、T・レックスとマーク・ボランの名を、一瞬にして世界に知らしめた歌。

まったくお前って奴は

まるで車みたいによく出来てるぜ。
なにからなにまで
わっぱのキャップまでもが
ダイヤモンドか
キラキラ輝くお星さま。
ほんとにお前は
はすっぱで、可愛いくて
しかも、俺の彼女だぜ。

　化粧や衣装が目だったために、デヴィッド・ボウイや、ロキシー・ミュージックなどとともに、グラム・ロックの代表格とされたが、演劇的なボウイや、やや変態ダンディ的なブライアン・フェリーに比べれば、T・レックスは、シンプルで切れ味の良い、一発で聴く者を虜にするようなギターのリズムがカッコよく、どんどん複雑化していっていたロックシーンにあって、見かけとは正反対の、原点回帰的な潔《いさぎよ》さがあった。

まったくお前って奴は
はすっぱで、可愛くって
真っ黒い服なんか着やがって
ひよるんじゃねえぞ。
俺はお前が好きなんだから。
ほんとにお前は
はすっぱで
可愛いい女だぜ。

まったく、お前があるけばダンスも同じ。
さあ踊ろうぜ、分かるよな。
ほんとにお前は
はすっぱで可愛いくて
しかも、俺の彼女だぜ。

とにかく、そのまま
ガツンとキメて、やって行こうぜ。
とにかく、そのまま

ガツンとキメて、やって行こうぜ。
やっていこうぜ。

と、まあ、俺は
そう思ってんだけどね。

ビートルズの『サージェント・ペッパーズ・ロンリーハーツクラブ・バンド』以来、コンセプトアルバムが全盛となった。ピンク・フロイドやキング・クリムゾンやEL&Pなどのいわゆるプログレッシィヴ・ロックがロックの表現フィールドを異次元にまで広げ、ツエッペリンやディープ・パープルが、偉大なバンド・モデルを構築し、ロックがどんどん進化するなかで、T・レックスは、歌詞が低級と言われようが何だろうが、シンプル極まるリズムで、極端に言えば、エレキギターとカッティングのカッコよささえあれば、世界的なスーパースターにだってなれるということを実証して新たな時代のドアを開けた。つまりT・レックスは、とにかくエッジが際立っているという、その度合がクールで、化粧や衣装も、それを一発で分からせる戦略に見えた。

1972

マグノリア
J・J・ケール

この年、ベトナム軍が大攻勢をかけ合衆国軍を事実上の敗北へと追い詰めた。映画ゴッドファーザーが大ヒットし、ローマクラブが『成長の限界』を発表した。

合衆国の民主党の本部に盗聴器を仕掛けようとしたことが発覚したことから始まったウォーターゲート事件は、事件のもみ消しを謀《はか》った共和党のニクソン大統領を苦境に追い込み、2年後、ニクソンは米国で初めての、任期中に辞任した大統領となった。

日本では浅間山荘事件が起こり、沖縄が多くの米軍基地を残したまま返還され、田中角栄が『日本列島改造論』を発表し、写真家のユージン・スミスが、水俣病患者を撮った写真をライフ誌に掲載し、人間軽視、産業重視の日本の実態を浮き彫りにした。

この年、ディープ・パープルが、世界中の誰もが一度は耳にしたことがあるイントロを持つ『スモーク・オン・ザ・ウォーター』で大ヒットを飛ばし、デヴィッド・ボウイが、宇宙から飛来したロックスターという設定で、アルバム『ジギー・スターダスト』を発表し、派手なメイキャップや山本寛斎の斬新な衣装で、グラムロック（グラマラス・ロック）と呼ばれるようになった。

『マグノリア（Magnolia）』は、レオン・ラッセルが立ち上げたシェルター・レーベルで制作されたJ・J・ケールのデビューアルバム『Naturally』のなかの、全てが見事に溶け合った珠玉の愛歌。この地味で、派手なところなど微塵《みじん》もない天才に陽の目を当てただけでも、レオン・ラッセルとシェルター・レーベルの名は、ロック史に永遠に記憶されていい。

夜鷹がないている。
夏の風が
優しく吹いてくる。
お前のことを
想ってもいいよね。
俺は
ここを離れて
ニューオーリンズに戻る。
俺は
ここを離れて
ニューオーリンズに戻る。

愛に、いろんなかたちがあるように、天才にもいろいろある。そして、J・J・ケールの場合、表現があまりにも自然な（Naturally）ために、彼を天才だと思う人は、あの時代にあっても、あまりいなかったかもしれない。

70年代に入ると音楽のマーケットは爆発的に拡大し、それは音楽が一獲千金のビジネスになり始めたことでもあったが。容貌も風体も、一般的なカッコよさからほど遠く、音楽とは関係のない話芸で客の気を引くでもなく、これ見よがしのリードギターや曲芸的な早弾きで観客を沸かせるわけでも、シャウトするわけでもなく、ただ淡々とギターを奏でて歌うばかり。

ハッタリなどとはとことん無縁で、田舎からＬＡに出てはきたものの、うだつが上がらず、音楽で身を立てることを諦めかけていた、そんなＪ・Ｊ・ケールの才能の輝きに目をとめ、アルバムを出したのがレオン・ラッセル。

Ｊ・Ｊ・ケールは、『Really』『Okie』と、連続して素晴らしいアルバムを発表して有名になり、その後もコンスタントにアルバムを出していくが、その音楽スタイルは、生涯変わらなかった。

お前が耳元でささやく。

おはよう。
俺の耳に
そのささやきが
優しく、優しくひびく。
家に戻るんだ。
お前のところへ。
もうすぐ
そこに行くから。
もうすぐ
そこに行くから。

レオンのシェルター（隠れ場所）がなければ、『After Midnight』や『Cocaine』など、後にクラプトンがカバーして有名になる彼の歌たちを私たちが聞くことはなかったかもしれない。

J・J・ケールは、私の大好きな、そしてどこか深い所で最も尊敬するアーティストの一人だ。

アンジー
ザ・ローリング・ストーンズ

1973

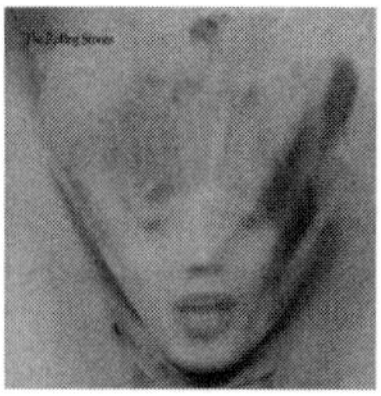

『アンジー（Angie）』は、ホットな場所の息吹が好きなストーンズらしく、この頃、欧米の隷属からの自立を訴える運動で重要な役割を果たしたレゲエの発信源、ジャマイカでレコーディングした『山羊の頭のスープ（Goats Head Soup）』に収められた別離愛歌。

ロックの先駆者が吹かせる風に乗って突っ走ってきた私（たち）が当時感じた、前も後も右も左もよく分からなくなってしまったような、八方塞《はっぽうふさ》がりの、どんよりと停滞してしまったような気分を代弁するかのような歌。

この年、第一次オイルショックが起き、第四次中東戦争が勃発。アルゼンチンでは独裁者ペロンが復権し、チリでは軍事クーデターが起きた。シドニーでオペラハウスが建設され、円が変動相場制に移行した。
アメリカ軍がついにベトナムから撤退することが決まり、その休戦交渉にあたった、アメリカのキッシンジャーと、ベトナムのレ・ドク・トがノーベル平和賞にノミネートされ、キッシンジャーはこれを受けたが、レ・ドク・トは拒否した。
日本の学生運動はすでにすっかり下火になっていたが、七二年の連合赤軍事件が、それにとどめを刺した。

アンジー、アンジー
このどんよりとした黒い雲は
いつ晴れるのだろう。
アンジー、アンジー
この雲は、僕たちを、いったい
ここからどこへ

連れて行こうとしているんだろう。
心には愛がなくて
コートのポケットにはお金もなくて。
これで満足だなんて
とても、言えないよね。
でもアンジー、アンジー
僕たちが一所懸命やらなかったなんて
君は言わないよね。
アンジー、奇麗だね。
でも、もう
サヨナラの時が来た。

預言者ディラン、創世主ビートルズとちがい、ストーンズは常に、時代の気分、ロックを愛する無数の若者たちが感じる確かさや不安や期待や希望や怒りや想いに寄り添ってきた。ストーンズは常に、私たちを鼓舞し、代弁し、時には突き放しながらも側にいて、私たちと共に歩み続けてくれた。

　サティスファクションでは、「満足なんてできるわけねえよ」と、あんなにも堂々と叫ばれていた、満足（Satisfaction）という言葉が、ここではいかにも弱々しく、まるで溜息のよう。

　僕らも、一所懸命やらなかった、というわけじゃない。というより、とにかく必死で頑張ってきた、つもりだった。でもその結果、上を見れば、いつ晴れるともしれないどんよりとした空。まわりを見れば、どこか白けた空気。

　ミックとはちがって、僕らは実際、本当に金がなかったけれども、大切だったのはそういうことじゃない。ミックがこんな歌を歌ってくれたことが、心に染みた。

　当時の横浜の音楽仲間たちのなかには、負けじと、あるいは、さあこれからが本番だとばかり、『グリーンピース』という名のライブハウスを開く者や、その頃はまだあった横浜野音で大騒ぎする者や、『Birth Our Earth』という大規模な連続コンサートを開催する者もいて、私もそのステージに、自分の歌たちと共に上がったりもした。レコーディングをして、その頃までにつくった歌たちに、かたちを与えなくてはと思ったりもした。でもなぜか、なんとなく気が乗らなかった。すでになにかが、大きく変わり始めていた。

アンジー、今でも愛しているよ。
二人で泣いた夜のことも
あの夜も、あの夜も
みんな覚えているよ。
僕らが見ていた夢のことも
あんなに近くにあると思えた
あの夢も、あの夢も
みんなみんな、覚えているよ。
でもみんな、もう
消えてしまった煙のようだね。

もう一度、囁《ささや》かせて、耳もとで。
アンジー、アンジー
僕たちはここからどこへ
行くんだろうね。

でもアンジー、アンジー
生きてるって、きっと
いいことだよね。
アンジー、アンジー
僕たちが一所懸命やらなかったなんて
誰にも言えないはずだよね。

破天荒《はてんこう》なように見えながら、ストーンズは実に律義《りちぎ》に、20世紀の後半にたまたま生まれた、バンドというものの素晴らしさと可能性を実感させ続けてくれた。とんでもないことに、彼らは今でも、どんどん良くなり続けている。しかも巨大な音楽産業の頂点で、ショービジネスを軽く手玉にとりながら、等身大のストーンズであり続けている。できればこのまま永遠に、そうであり続けて欲しいと思う。

『アンジー』は、言うまでもなく愛の歌、別離の歌だが、しかしそこには、草創期のロック・ムーヴメントの、爆発的な感動やときめきや勢いが、なぜか煙のように消えてしまったと感じていた私（たち）の時代の気分が、見事に歌いこまれていた。

1973

ダニエル
エルトン・ジョン

『ダニエル（Daniel）』は、エルトン・ジョンの五枚目のアルバム『ピアニストを撃つな（Don't Shoot Me, I'm only the Piano Player）』に収められた歌で、例によってバーニー・トーピンとの共作。『僕の歌は君の歌』のヒット以来、矢継ぎ早にヒットアルバムを量産し、世界一のヒットソングメイカーとなったエルトン・ジョンのブラザー愛歌。

ダニエルが旅に出る。
今夜、飛行機に乗って
スペインに向けて飛び立って行く。
飛行機の赤いテールランプが見える。
僕にはダニエルがさようならと
手を振っているのが見えた。
でも、そう見えたのはきっと
僕の目が涙で曇っていたからだと思う。

このブラザーが誰で、どんな傷を負って旅に出るのかということに関しては、いろんなことがいわれてきた。この年アメリカはベトナム戦争での、枯葉剤やナパーム弾を含む、極悪非道な殲滅《せんめつ》作戦の終結を宣言し、戦場のアメリカ軍の撤退を開始したが、この頃、過酷な戦場からの帰還兵の心身の後遺症が深刻な社会問題となっていた。この歌は、そういう兵士のことを歌ったのではないかとか、エルトン・ジョンが同性愛者であるため、このブラザーは恋人だろうともいわれた。

しかしそんなことは、実はどうでもいい。問題は、どうして、このダニエルが、仲間を、あるいは恋人をのこして異国に旅立つのかということだ。歌詞のなかには、スペインは暮らすには一番いい場所、というフレーズもあるが、そこへ、このダニエルは何のために行くのだろうか？　特に目的などないのだろうか？

僕のブラザーのダニエル。
僕より年上だけど
心の傷が、まだ痛むんだね。
それがまだ、癒《い》えていないんだね。
まるで死んでしまったような目をしていたけど
でも、それでも僕よりは
いろんなことがよく見える。
まるで空を彩る星のような
ダニエル。

　死んでしまったような目をしているからには、よほどのことがあったのだろう、とは思う。それに、ダニエルが、みんなから信頼されるような、憧れの対象となるような存在だったのだろうということも分かる。

でも、それでもダニエルは、とにかく行ってしまう。それまでと同じ流れや関係のなかに身をおく事が、彼にはもう、できなかったのかもしれない。

　世界中で燃え上がったベトナム戦争反対運動や反体制運動が、この頃急激に下火になり、激しいムーヴメントの中にいた多くの人たちが目的を見失って、やや無気力な状態に陥ってもいた。

　そんななかで、ここではないどこかを目指して、世界へと旅立つ若者が急激に増え始めてもいた。この歌には、そうした全ての状況が反映されているようにも思える。

　なお、その後、自分で住んでみて分かった事だけれども、さまざまな文化が折り重なり、いろんな人種が混ざりあった歴史を持つスペインには、美しい街や自然や、他人の過去や事情を詮索《せんさく》しない文化的、社会的風土があり、他国から、そうではない生き方を求めて来る人には、確かに最良の場所かもしれない。

1973

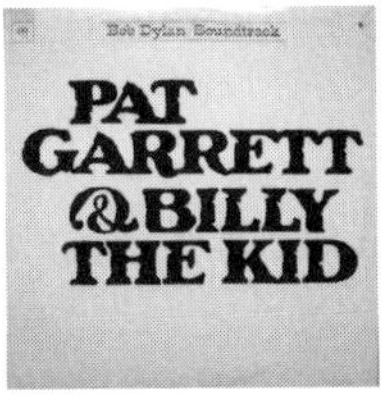

天国の扉
ボブ・ディラン

『天国の扉（Knockin' on Heaven's Door）』は、ディラン自身も出演し、さらにサウンド・トラックを担当した、サム・ペキンパー監督の映画『パットギャレットとビリー・ザ・キッド（Pat Garrett & Billy The Kid）』の中の歌。

お尋ね者のビリーを追う老保安官が撃たれ、河辺に横たわり、妻に見守られて息を引き取るシーンに美しく流れる、ソングライターとしてのディランの才能が際立つ人間哀歌。

ママ、このバッジを外してくれ。
もうつかえないから。
なんだか暗くなってきた。
あんまり暗くて
なんにも見えない。

どうやら俺は
天国の扉《ドア》を
ノックしているようだ。

この映画が公開された時、ディランが出ているということで慌てて見にいったが、たそがれ時の空を背景に、老保安官の命が消え行くシーンでこの歌が流れた時、そのあまりの見事さに呆然となった。

映画は、19世紀末の西部で最も人気のあったアウトロー、クリス・クリストファーソン扮するビリー・ザ・キッドと、彼の親友でもありながら彼を追う、ジェームズ・コバーン扮する保安官パット・ギャレットをめぐる物語だが、一度は捕まったビリーが脱獄し、それをパットと共に追う老保安官と、銃を持って付き添う彼の勇ましい妻の佇まいには、実に味わい深い風情があった。
　その老保安官が撃たれ、命が夕暮れの光と共に消えようとする時、もうつかえないから保安官のバッジを外してくれと妻に言い、さらに手に持つ銃を、もう彼らを撃てないからと、おそらく彼には重すぎたこの世の物を天国まで持って行きたくはないと手放すこのシーンは、この映画で最も印象深く、見る者の心を打つ。役目とはいえ、ビリーを追ったこの老保安官は、本当は、ビリーに銃など、向けたくはなかったのだろう。

ママ、この銃を地面に置いてくれ。
もう、彼らを撃てないから。
なんだか真っ黒な雲が
どんどん俺の方に
降りてくる。
どうやら俺は
天国の扉を
ノックしているようだ。

　ディランも映画の中に、はにかんだような表情をして登場するが、そんなことはどうでもよくて、とにかく音楽が、すばらしかった。自分のアルバムやステージをとおして、未踏《みとう》の領域を果敢《かかん》に切り開いてきたディランだが、映画のサウンドトラックという、何をすべきかが明確なものに対して、当然のように、そんなことはなんでもないとばかりに発揮してみせた表現力の凄さが、圧倒的だった。

1974

フォーエバー・ヤング
ボブ・ディラン

『フォーエバー・ヤング（Forever Young）』は、久々にザ・バンドと録音したディランの通算一六枚目のアルバム『プラネット・ウエイブス』の中の、自身の子どもの無限の可能性に向けてつくられた愛歌。

さまざまな愛を歌ってきたディランだが、我が子の未来に対する、祈りのような言葉と、シンプルで力強く、ほんの少しもの哀しいトーンが印象的。

この年アメリカでは、野党陣営に盗聴器を仕掛けたウォーターゲート事件で、ニクソン大統領が辞任に追い込まれ、ソビエトでは『収容所群島』で国家の思想弾圧を暴《あば》いた反権力作家ソルジェニーツィンが国外追放された。

君をきっと
神さまはいつも
そしていつまでも
優しく見守ってくれる。
君はきっと
どんな願いもかなえられる。
君はきっと
いつでも誰かに何かをしてあげられる。
そして
誰かも君にそうしてくれる。
君はきっと
星までとどく梯子《はしご》をつくれる。
そして
それを一段一段昇っていける。
君はきっと

そうして、いつまでも、いつまでも
若いままの君でいられる。
君はきっと
そうして、いつまでも、いつまでも
若いままの君でいられる。

　ディランほど、過去や現実や他者から学び、それを歌にして歌うことに熱心なアーティストはいない。韻《いん》を踏むことも、伝統的な音楽の持つ歌の形式を自らの歌に取り入れることも、そこから外れることも、実に見事にやってのける。

　ディランは、誰も歌にしたことのないような想いやイメージや対象を、誰も思い付かないようなアプローチと表現方法で歌にしてきた。あやふやだけれども確かにあると想える何かを、歌にして歌うことで、その想いに、姿や形や意味を与え続けてきた。そして結果として、未踏の荒野に、自分が歩くことで、道をつくり続けてきた。

　つまりディランは、誰かのためにではなく、何のためにでもなく、この世のどこにでもあるけれど、誰も歌にできなかった何かに、歌にしようとは誰も想わなかったことに、あるいは気付きさえしなかった何かに目をとめ、自分の身体感覚と直観と知性と好奇心と創造力をフル回転させて、それを歌にしてきた。

　そんなディランが、自分の子どもという、確かな命を目の前にしてつくった歌。言葉が実にストレートに、自然にあふれ出てきているような愛歌。

君はきっと
正しい人になれる。
君はきっと
本当のことを言える人になれる。
君はきっと
どんなことでも
ちゃんと分かる人になれる。
そして

まわりの人に進むべき道を
見つけてあげられる人になれる。
君はきっと
いつだって強い心を
持ち続けられる人になれる。
ちゃんとしっかり
まっすぐ立っていられる人になれる。
君はきっと
そうして、いつまでも、いつまでも
若いままの君として生きていく。
そうして、いつまでも、いつまでも
若いままの君として生きていく。

子どもという、人間のあらゆる可能性の原点のような存在に対してつくられたこの歌には、ややこしい言い回しなど一切ない。渾沌《こんとん》から美を生み出してきたディランが、誰の目にも見えるものに、誰からも祝福され、限りない希望と共にあっていいはずの確かな存在に、明るい未来と共にある命に、美しい形を与えられないはずがない。

ちなみに、本書で取り上げてきた愛歌の歌詞は、どれも確かさに満ちている。それはつくり手が、自らの身体が感じた確かさ《リアリティ》を大切にしているからにほかならない。そこから離れた途端、あるいは他者の言葉やイメージを安易に用いたりすれば、その途端、言葉はたちまち嘘臭くなる。

もちろんディランも、自分が感じる確かさから離れずに歌をつくるが、ディランのすごさは、自分の今や此処《ここ》を見つめる度合いが真摯《しんし》で深いために、ディランという個人をとおして、言葉が人の本質にまで届くことだ。

あるいは、まわりや物事や、過去の文化を含めたあらゆることを見つめる視線や、そこから生じた想いが確かさを失うことなく、遠く、遥か彼方にまで及ぶために、表現されている情景が自ずと、文化の違いや場所や時代を超えて、人や社会の普遍と重なり合うことにある。

　ここでもディランは、自分の息子をモチーフにして歌をつくってはいるけれども、同時に、子どもであれば誰もが内に秘めているはずの無限の可能性を歌っている。

　その可能性を限りなく信じ、見守っていたいという、大人のだれもが心のどこかに持ってはいても、あえて口には出さないような気持、もしくは日常のなかで、いつのまにかどこかに置き忘れてしまっていたような気持ちを、強く、真っ正面から代弁している。そこに、ディランの歌が持つ強さや広がりの秘密がある。Forever Young と何度も繰り返されるフレーズの、祈るような響きがどこか切なく、そして美しい。

ユー・アー・ソー・ビューティフル
ジョー・コッカー

1974

『ユー・アー・ソー・ビューティフル（You are So Beautiful）』は、68年にビートルズの『With a Little Help of My Friend』のカバーでロックシーンに登場し、翌年ウッドストックで、空中の見えないギターをかき鳴らしながら渾身《こんしん》の力を振り絞って歌う姿で一躍有名になったジョー・コッカーが、紆余曲折《うよきょくせつ》のあとに出したアルバム『I Can Stand a Little Rain』のなかの愛歌。

君って
ほんとに綺麗だね。
僕はほんとうに

そう思う。
でも
僕がそう思ってるってこと
わかる?

僕の願いはみんな
君と共にあって
僕に無くてはならないものも
みんな
君と共にある。

ジョー・コッカーの歌は、ほかのアーティストの歌をカバーしたものが多い。この歌もビリー・プレストンがつくった歌だが、それでも彼は、単に歌を上手に歌うことを仕事とするポップシンガーではなく、正真正銘のロック・アーティストだと、私は思う。

君って
ほんとに綺麗だね。
僕はほんとうに
そう思う。

僕がそう思ってるってこと
わからないわけじゃないよね。

ロックは、自分で歌を作り、自分で歌い、あるいは自分のバンドで演奏することで、十人いれば十人十色の、百人いれば百色の歌があり得ることを証明した。誰でも、自分の目で見つめ、自分の頭で考え、一つの時代の風の中を生きる一人の人間として、心の声に耳を澄ましさえすれば、自分の歌をつくり得ることを、それを他者に伝えられることをロックは証明した。
ジョー・コッカーは、誰もがオリジナル曲を歌う時代のなかで、たとえ楽器を弾かなくとも、自分の歌を歌わなくても、自分が良いと思う歌を、誰よりも精魂《せいこん》込めて歌うことで、歌の命を彼の色に染めて他者に伝えられることを、それが彼の生き方だということを表現してみせた。

言うまでもなく、どんな素晴らしい歌も、歌われなければ、誰の心にも届かない。そしてジョー・コッカーは、自分が愛する歌を、自分が信じる歌い方で、もしかしたらその歌をつくった人よりもさらに心をこめて、全身で歌を歌った。

彼の名を世に知らしめた『With a Little Help of My Friend』は、ビートルズの、サージェント・ペパーズ〜のなかで、リンゴがとぼけた声で淡々と歌った歌だが、ジョー・コッカーはその歌を、必死に、懸命に、彼が持つすべてのエネルギーを絞り切るかのように、全身全霊で歌い、その歌に、新たな生命力を吹き込んでみせた。

リンゴはこの歌を、友だちがほんのちょっと助けてくれさえすれば、とさらりと歌ったが、ジョー・コッカーは、僕はこの歌を歌わなければ死んでしまうんだとばかりに、それにはどうしても、友だちの助けが必要なんだと、あまりにも頑張って歌いすぎて、いまにもエネルギーが尽きて倒れそうになりながらも、彼にしか弾けない、目に見えないギターの弦さえも掻き切らんばかりに両手を動かし、体を折り曲げ、体の奥底から声を絞り出して歌った。

ちなみに、このこととは何の関係もないけれども、私はこの年、自分が最初の頃につくった歌で、すでにあまり歌わなくなって何年もそのままになっていた歌たちを、なんだか歌に申しわけないような気持になって、マコっちゃんこと久保田麻琴、ヨウちゃんこと藤田洋介、キンちゃんこと恩蔵隆、つまり後に『久保田麻琴と夕焼け楽団』になる仲間や、いろんな友人たちの助けをかりてレコーディングし、『わすれがたみ』というLPアルバムをつくった。

録音は、レコード会社以外のスタジオといえば、当時そこくらいしかなかった御苑スタジオで行われ、みんな集まっての事前の練習も細かな打合せもないまま、全曲を、その場で瞬間的にアレンジを考えて一晩で録音するという無謀なものだった。

しかも、その録音を、エンジニアの朱雀井ゆう子が、その場でミキシングをし、ダビングをし、トラックダウンをしてマスターに仕上げてしまうという、今では信じられないようなことが行われた。

それでも、みんなたぶん同じような空気を吸って生きていたからか、特にこれといったトラブルもなく、誰もが曲想に合った演奏をしてくれた。朝方スタジオを出ると、空が明るくなり始めていて、そんな新宿の空の下を、みんなで歩いて家路についた。

第七フェーズ　デザイアー

1975～1980

1975

ボヘミアン・ラプソディ
クイーン

『ボヘミアン・ラプソディ（Bohemian Rhapsody）』は、クイーンの四枚目の大ヒットアルバム『オペラ座の夜（A Night at the Opera）』の中の、最大のヒット曲にして彼らの特徴満載の悲哀歌。

バンドのコンセプトとフレディ・マーキュリーの表現力と歌の内容とが見事に融合して、ヨーロッパの階級社会の断面を鋭利なナイフでスパッと切り取って見せるような演劇性がある。

この年、合衆国軍が撤退した後も、アメリカの支援によって生き延びていた南ベトナム政府の最後の拠点サイゴンを北ベトナム軍が開放し、東西対決の犠牲となっていた南北のベトナムがひとつとなった。またスペインでは独裁政権を続けていたフランコが死亡した。

本当のことなのか。
それともただのつくり話なのか……
土砂崩れにあって、突然
土のなかに埋もれてしまったような
そんなリアルな現実から逃れられないような
そんな物語……

ちゃんと目を開けて見るがいい。
上を見上げさえすれば見える
空を見るように。

僕はただの貧乏人のせがれだけど
べつに憐れんでもらいたいわけじゃない。
なにしろ僕は風来坊。

吹かれるままにやって来て
ふらふら消える。

　この歌の場合、すべては、フレディ・マーキュリーの演劇的歌唱力と一体のものとしてある。アルバムのタイトル通り、六分の歌の中に、ヨーロッパの芸術の頂点に君臨する、古き良きオペラの、一つの演目が、まるごと封じ込められてあるかのよう。

ママ、たった今
人を殺しちゃった。
頭にピストルを突きつけて
引き金を引いちゃった。
そしたら
そいつは死んじゃった。
ママ、始めたばかりの人生なのに
もうお終《しま》いになっちゃった。
とりかえしがつかないよ。

ママ、ああ。
ママを泣かせたいわけじゃない。
もし僕が帰ってこなくても
明日になって帰ってこなくても
ママ、なんにもなかったみたいに
元気で暮らしてね。

　場面展開も見事で、まずは観客に向かって演目の触《さわ》りを述べた後、いきなり、「ママーッ！」と悲しげに叫ぶフレディの甲高い声が物語の始まりを告げ、おそらくはハッタリをかませすぎて喧嘩の相手を殺してしまった貧乏人のせがれの物語が始まる。
　何百年も前から続くヨーロッパの絶望的なほどの階級社会の最下層に属する主人公、もともと成り上がることなど不可能に近い貧乏人のせがれが、人生の始まりに、いきなり人を殺してしまうという絶望的な状況から始まった物語は、しかし不良が殊勝《しゅしょう》にも、ママを悲しませたくない一心で、「僕がいなくても、これまでと同じように元気でくらしてね」などと言う。
不良とはいえやはり人の子、と感じさせるが、そんなママへの情愛で一瞬しんみりさせたあと、すぐに、耐え切れずに弱音をはく。

もう手遅れだよ。
どうしようもないよ。
震えが止まらないよ。
体中が痛くて堪らないよ
さようなら、さようなら。
もう行かなくっちゃ。
これが現実というものだから
ママを置き去りにしたまま行かなくちゃいけない。
ママ、ああ僕だって死にたくなんかない。
ときどき
いっそのこと生まれてこなけりゃ良かったたって
思ったりもする。

すぐに舞台はシュールな展開へ。そして、どうせ処罰されるか逃げ出すしかない貧乏人の子が泣きを入れれば、裁判官か誰かの、とってつけたような救いの言葉が聞こえてきて、ここぞとばかりにそれにすがれば、たちまち手のひらを返したように、そんなに甘くはないぞと浴びせかけられる厳しい言葉。

彼は貧乏人の家の
ただの哀れな子どもじゃないか。
このひどい状況から
彼を救ってやろうじゃないか。

なんにも考えないで
ふらふら生きてきただけなんです。
ですから、お願いですから
見逃して下さい。

逃しはしない、神に誓って、逃しはしない。

逃しはしない、神に誓って、逃しはしない。

　登場人物が入り乱れ、場面も目まぐるしく転換するが、それらのすべてを、一つの歌のなかで演じ切るフレディなくしては、この歌も仕掛けも魅力も成り立たない。

　若者はママに助けを求め、裁判官らしき男にも必死に許しを乞うが、下層階級の殺人者を、ヨーロッパの格差社会が、やさしく扱うわけがない。それまでのやり取りだって、若者をからかってみただけの、どうやら単なる退屈しのぎ。結局、結論ははじめっから決まっているんだよ、とばかりに投げつけられる絶望的な宣告。

君はつまり
私に石を投げつけたり
私の目に唾を吐きかけようという
そういう魂胆だね。
つまり君は私を愛するふりをして
そして、殺そうという魂胆だね。
坊や、この私に
まさかそんなことはしないよねえ。

出て行きゃいいんだ。

ただ、ここから外へね。

そうすりゃいいだけなんだよ。


　そこから歌は、エンディングに入っていく。結局、一人の貧乏人のせがれがどうなろうと、そんなことでは、なんにも変わりはしない。なにもかも一夜の悪夢のように、朝になれば消え失せて、彼がいなくなっただけの、いつもと同じ街がまた。

　そして最後のフレーズが、見事に、冒頭の部分と重なり合って、物語は、そんなドラマなどなかったかのように、見ようとしなければなにも見えない空の下の日常に戻っていく。

何がリアルで
何がリアルでないかなんて
誰にも分からない。
というより
リアルなものなんて何にもない。
どこにもない。
少なくとも
僕には……

とにかく
それでも風は吹く……

　長い歌とはいえ、それでもたった六分の時間のなかに、ロックオペラの一つの演目が凝縮されているような密度の高さ。音楽のあらゆる要素を融合させたかのようなこの歌を聞いていると、欧州の絶望的な階級社会で、労働者階級の、しかもフレディ・マーキュリーのように、イギリスの植民地から移住してきたような家の若者が、社会的な壁を越えて表舞台に頭角を現すためには、歌であれ絵であれ、誰もが納得せざるをえないほどの技芸《アート》で圧倒するしかないのかもしれないと、ふと思ったりする。

1975

セイリング
ロッド・スチュアート

『セイリング（Sailing）』は、バンドのボーカリストとソロの二つの道の両方を歩み続けてきたロッド・スチュワートが、フェイセズの解散の後に発表した野心的なソロアルバム『アトランティック・クロッシング（Atlantic Crossing）』のなかの、もはや彼のコンサートでは欠かすことのできない、観客全員合唱愛歌。

ロッドのオリジナルではないが、彼が歌ったことで世界的に知られる歌となった。

海を渡る
海を渡る、もう一度

海を渡って故郷に帰る。
嵐の海を越えて
あなたに近づくために。
自由になるために。

空を渡る。
空を渡る。
鳥のように
高い空の雲を越えて
あなたのそばに行くために。
自由になるために。

アルバムには、大西洋をひとまたぎしてアメリカに渡るロッド・スチュワートの姿が、華やかな、ややシヨービジネス的なイラスト画によって描かれている。

もしかしたらロッドは、心機一転、ロックヴォーカリストから、シナトラやアンディ・ウイリアムスを凌《りょ》駕《うが》するバラード・シンガーになろうとしていたような気配もある。

しかしそれでも、ロッドはやはりロック・シンガーだ。それが証拠にアルバムのA面B面は、それぞれスロウサイド、ファストサイドと記されていて、A面では、トレードマークのかすれ声で、いつものロックバンドスタイルの歌を披露している。

しかしB面では、美しい歌の連続のなかで、かすれ声のなかに潜むセクシーヴォイスが印象的で、やはりロッドが、違った地平を目指して、このアルバムをつくったのだということが感じられた。

聴こえるだろうか
私の声が。
夜の闇を越えて
遥か彼方のあなたに。
死が近づいている
あなたのそばに行くために。
ずっと一所懸命やってはきたけれど
でもそんなこと
いったい誰にわかるだろう。

単なる美しいラブバラードに聞こえる歌だが、よく聴くと、そうでもないことがわかる。歌詞の最後の方では、何度も「Oh Lord」という言葉が出てきて、これはもちろん、キリスト教世界では一般的には、人が仕えるべき存在である主、つまり神さまのことで、「I am Daying」とも言っているからには、どうやらこの人は、死にそうな状態にあるようにもみえる。だとすれば、自由という言葉も、人生の苦しさから解き放たれ、主のもとに行く、ということなんだろうとは思う。

しかし、ロッドは、そんな陰気な要素など微塵も感じさせず、歌の全体に艶やかな声と美しいストリングスをまとわせて、この歌を美しいラブバラードに仕立て上げた。

それにしてもロッド・スチュワートは、歌の命に目をとめ、それにロッド風の息吹を与えるのが抜群に上手い。ガビン・サザーランドがつくったこの歌にせよ、トム・ウエイツの『Waltzing Matilda』にせよ、キャット・スティーヴンスの『The First Cut is the Deepest』にせよ、原曲にはないような華やかさや、小粋さや、味わい深さを添え、歌に、ロッド風の印象や魅力を与える。

サッカーが好きなロッドは、いつもステージの途中で、サッカーボールを観客席にいくつも蹴り入れて遊ぶ。単なるバラード歌手なら、もちろんそんなことはしない。だからこの歌もロッドの手にかかって、原曲のやや重い感じは、いつのまにやらどこかに消えて、観客全員が一緒に声を合わせて歌う、どこか心がきゅんとなるような、切なさのスパイスを小粋に効かせた、愛歌の名歌に変身した。

モザンビーク
ボブ・ディラン

1976

『モザンビーク（Mozambique）』は、ディランにしては珍しく、歌の共作者としてジャック・レビを登用した、ディランの大ヒットアルバム『デザイアー（Desire）』のなかの、実に軽快な、つかの間のパラダイス愛歌。

同じ年、実にきれいな完成形を持つバンド、イーグルスが大ヒット曲『ホテル・カリフォルニア（Hotel California）』を発表した。歌のなかでは一人の男が、迷い込むようにして、砂漠の真ん中で見つけた奇妙なホテルにチェックインする。

「ホテル・カリフォルニアへようこそ、なんて素敵などころでしょう、なんて可愛いホテルでしょう」などという宣伝ソングのような言葉が響いて、ホールを見れば、若い男とダンスを踊る女。何かを思い出すために、あるいは忘れるために踊る男と女。

なかばウンザリした男は、近くにいたバーのキャプテンを呼んで、「俺にワインを一杯持ってきてくれないか」と言うが、そこで返ってきたのは、数あるロックの歌詞の中でも、最も有名なフレーズの一つ、「1969年以来、そういうスピリッツ類は切らしております」という言葉。

そうだよね、やっぱり終わってしまったんだよねと、すでに分かってはいたことを、もう一度、そうなんだよと、自分に言いきかせてしんみりするしかないような気分になると、そんな気分を慰めるかのような、あるいは、それに追い討ちをかけるかのような、ツィンギターの切なくも美しい響き。

歌はさらに続いて、こんなところはもうたくさんだとばかりにホテルを出ようとした男に対し、たたみかけるような夜番の男の言葉、「チェックアウトならいつだってお好きな時にできますけど、でも、ここを出ることは、決してできません」

この歌はとにかく、この頃の私（たち）の精神状況を見事に表現していたが、ディランの『デザイアー』は、それまでのディランとは全く違う方向性とトーンを持ったアルバムだった。

この年、毛沢東が死去し、田中角栄が逮捕された。ベータ方式のソニー、ビクターのVHS方式のビデオレコーダーが発売され、映画『ロッキー』が封切られた。巨大なスーパーコンピューター『クレイ1型』がつくられた一方、アップル社が設立され、パーソナルコンピューターをつくり始めた。

ちなみにこの年、私と妻は日本を離れ、スペインのバルセロナに向けて旅立ち、そこから、イビサ島に移り住んだ。

のんびりするんだったらモザンビーク。
澄み渡る夏の空が青く広がり
カップルというカップルがチークダンス。
一週間か二週間のんびりできるんだったら
なんといってもモザンビーク。
きっとすぐに
誰でも誰かと恋人同士。

モザンビークには可愛娘《かわいこ》ちゃんがいっぱい。
いつのまにやら素敵なロマンス。
誰もが気安く立ち話。
君だって
その気になればチャンスはいっぱい。
視線と視線を、ほんのちょっと交わしただけで
すぐに仲良し。

　ソングライターとしてのディランには、実に多くの顔がある。しかし全体的に言えることは、ディランがすぐれたラブソングをつくり、それを歌うアーティストだということだ。しかもディランは、それだけで愛の辞書がつくれるほど、実に多様な愛のありようを形にする。そしてディランの愛は、この歌や『I Want You』のように、シンプルで小気味よいものもあれば、もちろん、そうではないものもある。重要なことは、ディランが自分を含めて、人というものにまつわる、あらゆる愛のありようを歌にしてきたということだ。
　そこにはもちろん、社会や時代に対する思いを歌った歌もたくさんある。なぜなら、人は誰だって、社会や時代のなかで生きていて、そうである限り、愛もまた、それと無関係であるはずがないからだ。

モザンビークを離れる時がきて
海と砂浜にさよならしなくちゃいけなくなって
もう一度、島をぐるっと回って見れば
なにもかも
ここでしか起きない出来事だった

ということがすぐ分かる。
太陽の光あふれる砂浜で
気ままに生きる素敵な人たちが
いたからなんだってことが
すぐ分かる。

誰だって、たとえば一人で旅にでて、可愛い街のカフェで、隣に素敵な人が坐ったりして、ひとことふたこと会話を交わして、相手がニッコリなどすれば、なんとなく胸がときめいたりする。それが開放的で美しい島での出来事だったりすればなおさらだ。

それはたぶん、結婚していようと恋人がいようと、それとは別の、恋心が大好きな、人間が持つ、ごくごく自然な心の働き。もしかしたらあり得たかもしれない淡い恋心の記憶だって、人が生きる、一つのささやかな糧《かて》。それもまた、気ままに生きる素敵な人たち、のなかだからこそ芽生えた恋心。

それにしてもディランは、モザンビークという島の

名の、ちょっとエキゾチックな響きを、弾むようなリズムと共に、実に効果的に用いている。そしてディランは、同じアルバムのなかで実に多様な愛の歌を歌っている。

たとえばアルバムの冒頭で、ディランにしては珍しいほどハッキリとした勢いのある声で、軽快なリズムに乗って歌われる『ハリケーン（Hurricane）』は、殺人犯だとして冤罪《えんざい》逮捕され、二十年間も収監《しゅうかん》された後に無罪となった、黒人の、世界チャンピオンだったボクサーのルービン・ハリケーンのことを歌った歌。そこには警察という権力の横暴や、彼が黒人だったから着せられた罪、つまりは人種差別に対する怒りのようなものが歌われている。

ほかにも、一風変わったマフィアギャングの大物で、レストランで殺害されたジョーイ・ギャロの人生を歌った『ジョーイ（Joey）』。メキシコのならず者の恋人たちを歌った『ロマンス・イン・ドゥランゴ（Romance in Durango）』。「ここを出て行くために、も

う一杯のコーヒーを」というフレーズの「For I Go」という言葉がしんみりと心に響く『ワン・モア・カップ・オブ・コーヒー（One More Cup of Coffee）』。そして、修道女《シスター》に懺悔《ざんげ》でもするかのような、不思議な哀しみに満ち、時は一つの大きな海のようなものだけど、でも、海岸という終わりがある（**Time is an ocean but it end at the shore**）、という最後のフレーズが美しい『オー・シスター（Oh Sister）』など、実にさまざまな種類の愛が、さまざまなアプローチで歌われている。

　ディランは、こうした歌を必ずしも、誰かに伝えるためにつくるのではない。デビューした当時、プロテストソングの旗手に祭り上げられたけれど、ディランは何も、社会を変えるために歌をつくったのではない。彼にとって、歌をつくるというのは、自分やまわりを深く知るためであり、それとどう向き合えば、より自分らしくあれるか、ということを見つめる行為にほかならない。

　社会的な事件であれ、恋人とのことであれ旅の記憶であれ、ディランは自分が心身で感じたことのなかから、何らかの確かさ、あるいは何らかのひっかかりを感じたことを見つめ、そこに自分が歌うべき何かが潜んでいると感じた時、それに、一つの歌として自立できるようなかたちを与え、それを歌うことで、もう一人の自分との対話を続けてきたのだと思う。

　つまりそれは、一人の人間である生身のディランが生きた証の一部なのだ。だからディランの歌は、哀しみであれ、怒りであれ、愛であれ、何を歌った歌であれ、いつまでたっても古びることがない。それは人間なら、誰もが感じたことがあるような、あるいは体験し得るなにか、つまりは人と社会の普遍と、どこかでつながっているからだ。

　ディランの歌に心を動かされた人は、そのときディランと、何らかの想いを共有していることになる。そういう人が多ければ多いほど、世界も少しはマシになるのにと想わせるような、人間的な確かさがディランの歌にはある。

そして多様な愛が満載の大傑作アルバムの最後に歌われたのが、バカンスでのちょっとした恋心を歌った『モザンビーク』とは対極にある、ディランと共に人生を歩んできた最愛の妻サラとの、別離を歌った歌だった。

サラ
ボブ・ディラン

『サラ（Sara）』は、まずはハーモニカの音がもの哀しく流れ、遠いドラムが響くなかを、せつせつと歌われる愛歌。去って行く妻サラへの愛と、行かないでと懇願《こんがん》する生身のディランの生身の言葉が、胸を打つ。

いつだったか
砂丘に横たわって空を見ていた。
子どもたちはまだ幼くて
浜辺で遊んでいた。
君は僕の後から近づいてきて
そして向こうの方に歩いて行った。

君はいつでも僕のすぐ側に
手を伸ばせば届くところにいた。

サラ、サラ。
いったい何が
君の心を変えたの……

同じアルバムに収められた『モザンビーク』とこの歌とでは、地球の裏と表ほども違う。けれどどちらも、地球という星の上で生を受けた人の心に映る一つの情景。そして人の気持ちのありようは、誰であろうと、スーパースターのディランであろうと、人の子である限り同じだ。

誰にとっても別れは辛い。ましてや自分のなかに愛が、まだこんなに言葉が溢れ出るほどあるのに、それでも去っていく人を、どうすることもできずに残されてしまう者の哀しみ。

夜の森で
たき火を燃やして火の側で
一緒に寝たこともある。
ポルトガル・バーでホワイトラムを
一緒に傾けたこともある。
子どもたちが馬跳びをしながら
サンタクロースの話に
耳を傾けていたこともある。

サラ、サラ。
ハッキリしているのは
僕と君とで見てきたすべてのことを
僕が決して、忘れられないということ。
そして、サラ。
ハッキリしているのは
君との愛を
僕は、これまでもこれからも
決して後悔したりしないということ。

こんなリアルな言葉に満ちた歌を、妻《サラ》を失ったディランが、サラを名指しに悲痛な歌としてつくり、そして歌ったということに、初めてこの歌を聞いた時、私はショックを受けた。ディランにさえ、どうにもできない別れがある。

ゆったりとしたバイオリンと張りつめたディランの声とともに始まる魅力満点のアルバム『デザイアー』の最後にこの歌が流れてきたとき、私はほとんど茫然《ぼうぜん》自失《じしつ》となった。

あの時の教会の鐘の音が
今も聴こえる。
あのとき僕は病んだ心をもてあましていた。
何日かのあいだ
チェルシーホテルに泊まって
ローランドの哀しい目をしたレディの歌を書いていた。

サラ、サラ。
たとえどこに行くことになったとしても
僕らは、離れ離れになんかならない
サラ、ああ、サラ。
美しい人。
誰よりも大切な
僕の人。

どこでどうして君と出会ったのかは
覚えていない。
きっと天使が君を
熱帯の風に乗せて届けてくれたんだと思う。

愛しあった二人が、どうして別れることになったのかはわからない。そんなことはおそらく、誰にだって、ディランにだってわからない。出会いと同じように、別れもふいにやって来る。

流れる水をもとへ戻したりはできないけれど、過ぎゆく風をとめることなどできはしないけれど、そんなことはわかっているけれど、それでも、去っていく妻のことを、その現実を納得できないでいるディラン。こんな生々しい言葉に満ちたディランの歌が、これまであっただろうか？

　悲しみがディランを壊してしまったのだろうか？サラに聴かせるために、戻ってきてもらうために、ディランはこうして、歌っているのだろうか？

いま
浜辺には人気《ひとけ》もなくて
ところどころ
打ち上げられた海藻と
古びた船の壊れた一部が見えるだけ。
君は僕が困った時には
いつだって助け船を出してくれた。
いつだって僕が行くべき道を記した地図と
君の扉の鍵を渡してくれた。
サラ、ああ、サラ。
弓と矢を手にした神話のなかの
魅惑あふれる女神のような。
サラ、ああ、サラ。
僕をおいて
絶対に、僕から去って行かないで……

　ただ、この歌は、とても美しい。哀しいけれど、でも、とてもとても美しい。そして、サラという女性に向かって歌われていることが、この歌の哀しさと、確かさと、美しさを増している。

　そう考える時、ディランが、おそらくは自分の人生の中でも最もつらい状況と気持のなかにあったからこそ、だからこそそれを、とてつもなく美しくてリアルな歌に仕上げたのだということがわかる。そこにディランの素晴らしさがある。

　なぜならディランの仕事は、歌をつくって、それを演奏して歌うことだからだ。そうして生きてきたディランであってみれば、自分が経験した最も深い哀しみを、もし、最も美しい歌にして歌うことができなかったら、これからどうして生きていけばよいのか。

　この歌はもちろんディラン自身に向かって、そしてサラに向かってつくられ、そして歌われている。けれど同時に、別離を経験した無数の人に向かって歌われてもいる。

　そこにはもう、自己と他者との境はない。そこにあるのは、人が人として生きていくうえで大切な、出会いも別れもある人としての命題《テーマ》。そこにあるのは、人の心を映し、人の心とダイレクトに響きあう歌の力。人であれば誰もが経験する哀しみの歌であればなおのこと、どこまでも美しい歌でなくてはいけない。それと向かい合えるからこそ天才。

　きっとこの歌のためにこそ、ディランは『デザイアー』というロック史に輝く素晴らしいアルバムをつくったのだとさえ思う。多様な愛を歌ったアルバムのなかの素晴らしい歌たちは、だからこそ、それまでのディランの、どの歌にも増して美しく完成されていなければならなかった。そうであってこそ『サラ』がより美しく響く。

　そしてこのアルバムは、結果的に、ディランの数多くのアルバムのなかで、最も多くの人が耳を傾けた作品となった。

1977

ワンダフル・ツゥナイト
エリック・クラプトン

もうすぐ夜になろうとする頃
彼女はパーティに
何を着て行こうかと迷っている。
お化粧をして
長いブロンドの髪を梳かし
それから僕に向かって言う。
これで大丈夫かしら？
もちろん。
と言葉を返す僕。
今夜の君は
素晴らしく綺麗だよ。

それから僕たちはパーティに出かけ
みんながこちらを振り返る。
素晴らしく綺麗な
僕と一緒にいる女性を見つめる。

『ワンダフル・ツゥナイト（Wonderfull Tonight）』は、『スロウハンド』という自身の異名をタイトルにした、クラプトンらしさ満載のアルバムのなかの、いまやスタンダードナンバーのようになって『レイラ』とともに、ライブの定番となっている至福愛歌。

『レイラ』に歌われているのと同じ女性を対象にした歌だが、そこで歌われた苦悩や激しさとは対極にある幸福感のようなものが歌全体に漂っていて、しかもどちらの歌も、クラプトンの代表曲となったところが面白い。

いろいろあった末に結局、クラプトンはこの女性と結婚したわけだけれども、それもやがて破局に至る。しかし歌詞を見れば、この歌が、二人の愛のピークともいうべき時期につくられたことが良く分かる。

ただ、異常なほど高いテンションの、こんがらがった関係を抜け出てピークに至った恋が、そのままであり続けることは、どうやらとても難しい。突進する恋は、しばしば恋を愛へと熟成させる時を置き去りにしてしまう。

ただ、ピークにいたその一瞬の、幸福感の記憶だけは、おそらく永遠に残る。そして歌ほど、その気持と連動し、それを時空を超えて感じさせる力を持つものはない。

歌は、もしかしたらすぐに消えてしまうかもしれない一瞬の確かさを永遠化する最も優れた方法だ。だから、ある時代の、あるシチュエーションのなかで誰かの心に届いた歌は、聴くたびに、その人とその瞬間とをあたりまえのようにつなげる不思議な力を持つ。

その不思議さがあるからこそ、人は歌をつくり歌を

歌い歌を聴く。それは過去の自分や歌をつくった人を含めた、もう一人の誰かと、なぜか共有しあえると感じられる不思議な時空。

やがて家に戻る時が来る。
なぜかチクリと刺すような頭痛がして
それで僕は
君に車の鍵を手渡す。
彼女は僕をベッドに寝かせ
僕はベッドサイドの灯を消しながら君に言う。

今夜の君は、ほんとうに
素晴らしく綺麗だった。
ほんとだよ。
今夜の君は、ほんとうに
素晴らしく綺麗だった。

なぜか出会った男と女が織りなす、まるで奇蹟のよ

うな、あるいは、どこにでもあるような触れあいの一瞬。無数の場面《シーン》、いつのまにか忘れてしまいそうな、でもその時は確かだった、と思える、一つひとつの、その時にしかなかった、そのつどそのつど、たった一つの生きた証。そんな無数の儚い確かさと共にある歌。

1978

ウォーター・オブ・ラヴ
ダイアー・ストレイツ

『ウォーター・オブ・ラヴ（Water of Love）』は、軽妙無比の『サルタン・オブ・スウィング』で鮮烈のデヴューを果したダイアー・ストレイツのファーストアルバムのなかの、絶望的なほどの渇望《かつぼう》愛歌。

ほかの歌があまりにもインパクトが強かったので、あまり目立たなかったけれども、プログレッシブもパンクも真っ青の、クールでホットなフィンガー奏法でロックシーンを覚醒《かくせい》させたマーク・ノップラーの、もう一つの側面がよく表れている歌。

この年、アメリカのカルト教団『人民寺院』で94

1人が自殺し、映画『サタデーナイト・フィーバー』がヒットし、ポル・ポト軍事独裁政権下のカンボジアでの武装組織クメール・ルージュによる国民の大量虐殺が発覚した。フランスのブルターニュ沖で大型タンカーが座礁し、大量の原油が海に流れ出て海洋を汚染し、日本では、成田新空港が開港した。
前年には超音速旅客機コンコルドが就航し、映画『スターウォーズ』が封切られ、パリではポンピドゥー芸術文化センターがオープンし、日本赤軍が、157人を乗せた航空機をハイジャックした。

とことん渇いた熱く長い一日を
さまよい歩く。
どこを歩いても独りぼっち。
高い空の下
面白いことなんて、何もない。
そう、今の俺に必要なのは
ほんの少しの愛の水。

あんまり長く一人でいすぎた。
心が痛い。
しとしと雨も降ってきて
なんだか泣きたいくらいだ。
何にもいらないと思ってきた。
でも、今の俺に必要なのは
ほんの少しの愛の水。

あらゆるものがすでに出尽くし、ややマンネリ化さえし始めていた感のあったロックシーンに突如登場したダイアー・ストレイツは、そんな状況のなかでも新鮮な感動をつくりだせるのだということを、そのためには、創造的知性とエレキギターが一本あればそれで良いのだということを鮮やかに証明した。
この頃私はイビサ島にいて、中世の城壁の背後の、海に面した高台に住んでいたが、家の後ろには小さなホテルがあり、そこにはディスコもあったので、夏には、夜遅くまでロックがガンガンなっていた。その頃は、今のイビサのクラブのように、世界的なＤＪがつくりあげるオリジナルサウンドが溢れていたわけではなく、主にロックのヒット曲が、ひたすら大音量で流されていた。

　私がダイアー・ストレイツを知ったのは、そのころテレビで放映されていた、スペインのスタジオライブ番組だった。ダイアー・ストレイツはそこにある日、スペインバンドのしょうもない演奏の後、ぶっきらぼうに登場した。

　笑顔ひとつ見せず、アンカーマンのインタビューにもろくに応えず、彼らはいきなり演奏に入ったが、それを聞いた私は、その音に仰天し、適当に見ていたテレビにかじりつき、一瞬で彼らのとりこになってしまった。その時彼らが最初に演奏したのが、『サルタン・オブ・スイング』だった。

　その歌はしばらくして、裏のディスコで毎晩流される定番曲になり、一歳の誕生日におもちゃのギターをもらった息子は、その歌が流れると、すぐにギターを持ち、家のドアを開けてディスコの方を向き、何やら大声で叫んだりなどしていた。

高い木の
高い梢《こずえ》で羽根を休める一羽の鳥。
きっと
俺が死ぬのを見ている。
ほんの少しでいい。
もしも今すぐ水を手に入れられなかったら
きっと俺は死ぬ。
きっと午後には死んでしまう。

むかし
彼女がいた。
俺の女だとか言っていた。
むかし、俺にだって彼女がいた。
でも今はいない。

むかしむかし
川が流れていたところにある一個の石。
なあ、分かるだろ。
たった一人で生きて行くってのは
最低だぜ。

　画期的なことの多くがそうだが、クールでありながらエモーショナルなダイアー・ストレイツも、その何気ない風情の向こうで、古き良きロック・スピリッツのバトンを静かに受け継ぎ、ほとんど誰もそうとは気付かないうちに、新たな時代のロックへの扉を素知らぬ顔で開け放った。

　ただ考えてみれば、このような歌詞は、六〇年代にはつくられようがなかった。これは単なる恋人のいない男の話ではない。イーグルスが歌った、妙に快適だけれども抜け出すことさえできないホテルのバーから何故か消えてしまったスピリッツや、ミックがアンジーで歌った、失われてしまった愛にも通じる、ムーヴメント不在の時の感覚を知りながら、それでも、だからどうしたといわんばかりに前に向かって走り始めた、孤立無援の走者の孤独感の表れだ。

　あたりまえだが、新たにやってきて新たな扉を開くものは、そこから続く、自分が歩む新たな路を、新たに自分でつくるしかない。

1979

メッセージ・イン・ア・ボトル
ザ・ポリス

『メッセージ・イン・ア・ボトル（Message in a Bottle)』は、ポリスのセカンドアルバム『Regatta de Blanc』のなかの、彼らを世界的にした地球人愛歌。

パンクバンドと言われたり、UB40などとともにレゲエを取り入れて注目されたりしたが、ポリスはいろんな意味で、新しい時代の新しいタイプのインテリジェンスを感じさせたバンド。

この年、イランでホメイニ師が政権を奪取し、イラン・イスラム共和国の誕生を宣言した。イギリスではサッチャーが首相に就任し、アフガニスタンの内戦にソ連が軍事介入を行った。またマザー・テレサがノーベル平和賞を受賞し、スリーマイル島では原発事故が起きた。

大海の小島に流れ着いた
ただの漂流者。
孤独な日々が
一日そしてまた一日。
聞こえる人間の声は俺の声だけ。
それがさらに孤独を深める。
誰だって
こんな孤独に耐えられるわけがない。
救い出してくれ、ここから。
俺がとことん
絶望してしまう前に……

そうだ、SOSを送ろう、世界に向けて。
そうだ、SOSを送ろう、世界に向けて。

もしかしたら誰かが
ガラス瓶に詰めた俺のメッセージを
手に取ってくれるかもしれない。

人の本質のようなものは、体の仕組はもちろん、感覚的なことや感情も、おそらく太古の昔からそれほど変わらない。しかし社会のありようや価値観、時代という、人がつくり出すイマージナティヴな不思議な時空環境は、当然のことながら少しづつ変わる。

ロックが、それ以前の音楽と大きく異なる点は、それまでの音楽が演奏し、あるいは聴かれる空間のスケールを遥かに超えた、地球的な広がりやムーヴメントを創り出したことだ。

結果として、国や人種や狭いコミュニティの枠を超え、地球上のいたるところで、リアルタイムで、地球人としてロックを聴いたり演ったりすることが当たり前となった。

世界中の国々から、いろんな人が集まってきていたイビサ島では、街の中のブティックやバーから最先端の音楽が溢れ出していたが、なにより驚いたのは、育った場所や、文化風土の全く異なるところから来ている人たちと、ロックの好みを介して実に自然に感覚を共有できたことだった。しかも住む場所としてイビサを選んだ人たちには、不思議と、何か共通のベーシックな、地球人的な美意識のようなものが感じられた。

ようするに、ロックはすでに世界共通語となり、美意識を共有する人々の心のなかでシンクロニシティが起きることが、いつのまにか、なかばあたりまえのようになっていた。

今朝起きてみたら
とんでもないことが起きていた。
波打ち際に
千億本ものガラス瓶がうちあげられて
波に洗われていた。
ようするに

独りぼっちなのは俺だけじゃなかったんだ。
千億人もの漂流者が
帰る場所を求めていたんだ。

SOSを送るんだ、世界に向けて。
SOSを送るんだ、世界に向けて。
誰かがガラス瓶に詰めた俺のメッセージを
手に取らないとも限らない。
SOSを発信するんだ。

つまり、ロックが地球にもたらしたものは、近代をリードしてきたような、主義や思想や社会的価値観や政治的な位置や経済的な仕組や、それらの根底にあった意味や意義や善悪や数字ではなく、もっと身体的で感覚的な、一瞬にして価値判断のエッセンスのようなものがやり取りされるような、新しいタイプの言葉だった。

ポリスとスティングは、そんな状況を、見事に歌にして表現した。歌の中で繰り返されるSOSのニュアンスが、歌の最初と終わりとでは、違って聞こえるのも面白い。

1980

ザ・リバー
ブルース・スプリングスティーン

『ザ・リバー（the River）』は、『Born to Run（邦題明日なき暴走）』で自らのスタイルを確立したブルース・スプリングスティーンの五作目のアルバムのタイトル曲。映画『イージーライダー』でも描かれた、ロックが流行《はや》ろうが世界がどうなろうが、なんにも変わらないように見えるアメリカの心臓部の田舎や工業地帯の、どこにでもいるような、名もなき下層の人々の心情を描いた、ボス自身の原点と呼応しあう労働者愛歌。

この年、フセイン率いるイラク軍がイランに進攻し、長期に渡るイラン・イラク戦争が始まった。アメリカの自動車産業が日本の台頭のあおりを食って衰退し、共和党のレーガンが大統領になり、ポーランドでは、労働者による革命が起き、ワレサ率いる『連帯』が政権を奪取《だっしゅ》した。

そして年の瀬に、四十歳になったばかりのジョン・レノンが、自宅の前で射殺された。衝撃は、ニュースとなって世界に流れ、タブロイド判のイビサ島のローカル新聞『ディアリオ・デ・イビサ』は、翌日の紙面のフロントページ全面に一枚のジョンの写真を載せた。

俺が生まれたのは谷間の町。
そこでは若い連中はみんな
親父がやってきたことを
そのままなぞって大きくなる。
俺もマリーも、そんな町で学校に通った。
マリーがちょうど十七になったとき
俺たちは車に乗って谷を出て

川の下流の緑が広がる場所に行った。
俺たちは何度も何度も
車で谷間を抜け出て川を下り
川に入って遊んだ。
何度も何度も車に乗って
谷間を抜け出て川を下った。
そのうちマリーのお腹が大きくなった。
そのことをマリーが手紙に書いてきた。
俺は一九の誕生日に組合に入り
そして結婚式の服を買った。
俺たちが役場に行って書類を出すと
係の奴はそれを
たまった書類の箱に放り込んだ。
俺たちの結婚には参列者の笑顔もなければ
ヴァージンロードも
花束も、ウエディングドレスも
なんにもなかった。
その晩、俺たちは川に行った。
車に乗って川に行って水を浴びた。
そう、車に乗って俺たちは
川に行った。

まるで六〇年代のポンコツ車に、ターボチャージャーをつけた馬鹿でかい改造エンジンを搭載し、トランクの中には、すでにどこかに消え失せてしまった古き良きロックスピリッツを詰め込んで、フルパワーでぶっ飛ばすかのようなスタイルを確立したボスが、しみじみと歌うこの歌は、イントロのハーモニカの切なさと相まって、心の奥のどこかの、できれば忘れてしまいたいようなことを、そっとしまい込んである、心のなかの小さな場所に痛いほどしみる。

建設会社のジョンソンで働くことになったが
不景気で、まともな仕事なんてなかった。
それまで大事だと思っていたことが
なんだか、そう

いつのまにやらどこかに消えて……
俺はなにもかも忘れてしまったふりをして
そしてマリーは
なんにも気付かないふりをする。
だけど俺は覚えてるんだ。
俺たちが、アニキの車に乗って
夜に二人で川に行ったことを。
あいつの、水に濡れた日焼けした体を……
堤防で寝そべっていた俺は
体を起こしてマリーの服をつかみ
マリーの体を引き寄せた。
ただひたすらマリーの息づかいを
ただそれだけを感じたかった。
いまでもそんな思い出が
俺につきまとって離れない。
まるで呪いのように俺を苦しめる。
かなわなかった夢は嘘だというのか。
嘘よりもっと悪いというのか。

だから俺は川に行く。
息子を連れて車に乗って
川に行く。

やがて『Born in the U.S.A.』で、身も心も壊れよとばかりに、ほとんど無謀なほどのエンジン全開で世界を爆走し続けることになるブルース・スプリングスティーンがボスである理由は、この歌で歌われているような、合衆国の底辺の、アメリカンドリームなどとは縁のない労働者の心根を、自らの根っことして持ち続けているからにほかならない。
誰だって心のなかに、いまさらどうにもできない、針の先でチクリと刺されるような痛みを、そっと抱《かか》えて生きている。この二人もまた、人の子である限り、夢のかけらのようなものを、そっと抱《いだ》いてみたことがなかったはずがない。ボスのボスらしさは、こんな歌にこそ表れる。

第八フェーズ

アヴァロン

1982～1988

1982

アヴァロン
ロキシー・ミュージック

『アヴァロン（Avalon）』は、ブライアン・フェリーの、妙にロックっぽくない風貌のせいか、やや観念的な前衛趣味と英国的なダンディズムとのミスマッチのせいか、メンバーがバラバラだからか、何をやっても微妙なズレ感のあったロキシー・ミュージックが、遂にたどり着いた理想郷『アヴァロン』のなかの、アルバムのタイトル歌となっている浪漫《ろうまん》デカダン愛歌。

この年、フォークランド諸島の領有権を巡ってアルゼンチン軍とイギリス軍が武力衝突し、イスラエルがレバノンに侵攻した。マイケル・ジャクソンが『スリラー』を発表し、映画『ＥＴ』が公開された。フィリップスが世界初のＣＤを製造し、ソニーが世界初のＣＤプレーヤーを発売した。

パーティは終わった。
疲れきった私の目に
どこでもない場所から
近づいてくるあなたが映る。
その姿を見れば
なにもかもよく分かる。
話さなくても。
何を考えているか
言葉にしてくれなくても……

アヴァロン。

ジャケットを見れば、中世の騎士がたそがれ時に雲の彼方を見つめていて、もしかしたらこのアルバムは、アーサー王を描いた映画のサウンド・トラックなのかと思ってしまうほどだ。

アバロンとは、戦乱のイングランドを平定して王国を築き上げた伝説の王、キング・アーサーの王国が内部から崩壊し、円卓の騎士たちが、敵と味方に分かれての激しい戦いの果てに、深手《ふかで》を負ったアーサー王が、船に乗せられて渡って行く、霧に隠された湖の中の伝説の島、永遠の安らぎに満ちた理想郷。

霧の中から現れ、船を操って、そこにアーサー王を連れて行くのは、もちろん美しい湖の乙女、あるいは、魔法を操る絶世の美女。

サンバのリズムがあなたを
どこでもない場所から連れ出すとき
まわりの景色はしだいにかすみ
だんだんぼやけて行く。
そう、景色は
いつも移ろい変わるもの。
だからあなたは
自分の行き先さえも
知らない……
アヴァロン。

ロキシー・ミュージックの最高傑作、もしくは最大のヒットアルバムとなった成功の最大の理由はおそらく、ブライアン・フェリーが、ひとまず現世から離れ、自らのルーツであるイングランドの、幻想的でロマンティックな世界を、リーディング・イメージとして設定したことにある。

不思議といえば不思議、あたりまえといえばあたりまえだが、人はみな、自分のことを知っているようで知らない。というより、かりに自分とはこういう人間だと思い描いたところで、そのイメージのなかに、いつまでもおさまっていられるものでもない。

もともとは誰でも、何も知らない赤ん坊だった。だから、ある時点で、自画像を描くように自分の姿を描き、それに自分を当てはめようとすることは、具体的には、自分の現在や過去や未来を、何らかの理屈や脈絡や願望のもとに、ひとつの物語やイメージを想い描き、そのイメージの枠の中に自分を押し込めること、つまりは虚像のなかに生き埋めになることを意味する。

過去と未来のあいだの今を生きる、ややこしい存在である人は、つい、過去を読み解いたり、未来を描いたりするけれども、もしかしたらそれは、可能性を狭めるだけかもしれない。

大切なのは、もっとシンプルに、今ここで自分にできるかもしれないと想える何かを見つめて、そのなかで一番、自分の心身が喜びそうなこと、より美しいと感じることを行なうことが、自分の可能性を増やす近道なのかもしれない。

ブライアン・フェリーの場合、ものすごく魅力的な声や歌をつくる力を持っているのに、なんだかいつも考えすぎて、奇妙なイメージの迷路に、しばしば入り込んでしまっていたように私には見える。

だから、そんな世俗のしがらみを離れ、自分からも現世からも離れ、北イングランドの霧の中の伝説という、自らの心身に最も親しいものに寄り添ったからこそ、自然に『アヴァロン』という、彼にとって心地よい、素敵な表現時空が姿を現してきたのだと思う。そうすることで手にし得た、現実の個の枠を超えた、普遍的な個性。

1984

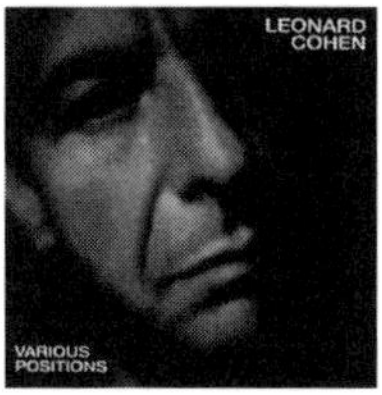

ダンス・ミー・トゥ・ジ・エンド・オブ・ラヴ
レナード・コーエン

レナード・コーエンは、ブライアンフェリーとは対称的に、最初からレナード・コーエンだったアーティストだ。60年代に、やや陰鬱《いんうつ》な表情と低く暗い声で音楽シーンにデビューして以来、知る人ぞ知る独特の存在感を示し続けてきた。

カナダの、そこそこ裕福な家庭の息子で、若い頃は、詩や小説などを書いていたが、ニューヨークに出てきて、同じユダヤ人のディランたちと知りあい、アーティストのたまり場として有名なチェルシーホテルに滞在しながら、歌を歌い始めた。

『ダンス・ミー・トゥ・ジ・エンド・オブ・ラヴ（Dance Me to the End of Love）』は、最初のアルバムのなかの『スザンヌ（Suzanne）』以外は、特に華々しいヒットもなかったレナード・コーエンの、五十歳の時のアルバム『Various Positions』に『ハレルヤ（Hallelujah）』とともに収められた歌。

この二つの歌が、彼をゆっくりとスターダムにのし上げて行くことになった。それにしても、レナード・コーエンは、歳を重ねるにしたがってダンディーさを増し、もともと渋かったけれども、決して明るくはなかった声も歌い方も、しだいに艶やかになっていった。それにしても、パフォーマーとしての絶頂期が最晩年だというのも珍しい。

君の美しさを
見つめさせておくれ。
確かさが、もう
なくなってしまったから。
君の体の動きを感じさせておくれ。

いにしえのバビロンの人たちがしたように……

ゆっくりゆっくり教えておくれ。
だって私が知っているのは
ものごとの限界ばかりだから……
私と踊ろう。
この愛の終わりまで。
私と踊ろう。
この愛の終わりまで……

19世紀にマンハッタンに建てられた長期滞在型のチェルシーホテルには、60年代、ビートニック詩人で、ディランをはじめロックジェネレーションに大きな影響を与えた詩人のアラン・ギンズバーグや、『2001年宇宙の旅』で知られる小説家のアーサー・C・クラークや、ディランやアンディ・ウォーホルやジャニスやジミ・ヘンドリックスやパティ・スミスなど多くの、後に新しい時代の文化を創り出す詩人や画家や作家や音楽家たちがたむろしていた。そしてレナード・コーエンもまた、その住人の一人だった。

私と踊ろう。
ここで今すぐ結婚するために。
踊り踊って踊りあかそう。
私と踊ろう。
優しく、そしていつまでも。
私たちは、私たちの愛にくらべれば
くだらない存在だから。
私たちは、私たちの愛にくらべれば
ずっと素敵な存在だから……
私と踊ろう。
この愛の終わりまで。
私と踊ろう。
この愛の終わりまで……

それにしても、鬱々《うつうつ》と、フェードアウトしそうな風情で自作の詩を朗読したり、ギターを抱えて『スザンヌ』などを歌っていた、マニア好みの、しかも一九三四年生まれの詩人が、21世紀にはいって、ロンドンのO2のような巨大ホールの満員の観客を沸かせることになるとは、誰が想像できただろう。

　映像を見れば、そこには自信にあふれたダンディーなエンターテイナーがいる。早咲きも遅咲きもあるとはいえ、人がいつ、どんな花を咲かせるかは、まったく誰にも分からない。

　それにしても、どうして日本には、レナード・コーエンがジャニスやディランと出合った、そしてディランが『哀しい目をしたローランドのレディ』を書き、パティ・スミスがそこに住むことに憧れて努力した、チェルシーホテルのような場所がうまれなかったのだろう。

1984

ライク・ア・ヴァージン
マドンナ

『ライク・ア・ヴァージン（Like a Virgin）』は、マドンナがつくった歌ではなく、ビリー・スタインバーグとトム・ケリーの、プロのソングライティング・コンビによる歌だが、よくもまあ、これほどマドンナにぴったりの曲をつくれたものだと感心してしまう。

　彼らはシンディー・ローパーの『True Colors』もつくっていて、ミュージックビジネスの世界の、いわばプロ中のプロ。ロックは、すでに別の次元に入ったと想われた。それにしても、マドンナにぴったりの、というより、マドンナをつくり出したともいえる、実に巧妙なソングライティング。

とんでもない時期をやっと乗り超えられた。
とにかく、なんとか乗り超えられた。
知らないでしょう。
私がどんなにひどい状態で
どれだけ自分を見失ってたかなんて。
でもやっと、あなたに会えた。
とことん打ちのめされてたってわけじゃないけど
でも、とにかく目茶苦茶だったの。
悲しくて、お先真っ暗で……
でも、あなたが私を見付けだしてくれた。
そう、あなたが私を見付けだして
私をピッカピカに
まっさらな女にしてくれた。
そうヴァージンみたいに。
ホント、なんにも知らなくて
たったいま、初めて触れられるみたい。
私、なんだかヴァージンみたい。

あなたの気持ちと私の気持ちが重なりあって
心臓の鼓動だって一緒にドキドキ。
あなたのドキドキと私のドキドキ。
ああ、もう私の愛は
みーんな、あなたのものよ。

ポップスの世界ではむかし、歌手に合わせて専門のソングライターが歌をつくり、曲想に合わせて歌手が歌うのが普通だった。ところがポール・アンカあたりから、自分でつくった歌を自分で歌うアーティストたちが現れ、ディランやビートルズの登場で事態は一変した。

自分たちの歌を自分たちで演奏して歌うことが当たり前となり、百花繚乱《ひゃっかりょうらん》というべき情況がうまれた。自分の言葉で歌をつくって歌うとなれば、社会や時代を含めた、自分が生きる場所や自分自身と正面から向かいあわざるを得なくなる。

そうして多くの豊かな歌が生み出された。多様な個性と多様な表現の花が咲き、その影響はライフスタイルや美意識や価値観の大変革にまで及んだ。それはロック・ムーヴメントの誇るべき成果だった。

しかしマドンナの登場は、それとは明らかに違う何かを感じさせた。つまりはロックは一回りして、再び、別の次元ではあるけれども、以前の音楽ビジネスのスタイルに、スケールを遥かに拡大して戻ったようにも想われた。

心臓の鼓動だって一緒にドキドキ。
あなたのドキドキと私のドキドキ。
なんだか私ヴァージンみたい。
体のなかから
なんだかあんまり気持ちが良くて。
あなたに抱かれて
あなたの心臓の鼓動を感じて
あなたに愛してもらって
ああ、あなたにも
私の心臓の鼓動が聞こえるでしょう？
ホントにホントに初めての
ヴァージンみたいって
思うでしょう？

どうやら、すでに巨大だったロック・ビジネスの規模はさらに膨らみ、歌は、かつての分業のスケールをはるかに越え、エンジニアや演出家や振付師や、さまざまな分野のプロが集う巨大なビジネス・プロジェクトのツールとなった。そしてそのシンボル的な役割を見事に担うマドンナのようなスターも現れた。

ちなみに、私がこの本で取り上げているのは、いくつかの例外はあるけれども、ほとんど地球規模でヒットした歌ばかり。つまり、レコードとして売れたばかりではなく、ラジオや、この頃さかんに流されるようになったＭＴＶなどの電波にひんぱんに乗って、地球を駆け巡った歌ばかりだ。

素晴らしい愛歌は、もちろんほかにもたくさんある。

あまり名前が知られていないバンドの美しい歌もたくさんあるけれど、しかし、世界中の人々の心と触れ合い、世界中が見聞きした歌の中には、自ずと、時代やその変化が映し出されているはずだと、想う。

1985

エイドリアン
ユーリズミックス

『エイドリアン（Adrian）』は、アニー・レノックスとデイヴ・スチュワートのユーリズミックスの四枚目のアルバム『ビー・ユアセルフ・トゥナイト（Be Yourself Tonight）』のなかの同志愛歌。

硬質で透明な広がり感と強さのあるアニー・レノックスの声と歌とがマッチして、時代をさらりと超えて行こうとする、ロック・エンジェル魂がおしゃれ。

この年、アフリカの飢餓を救うために、ジョージ・ハリスンを敬愛するブームタウンラッツのボブ・ゲルドフの呼びかけで、ロックスターたちによる史上最大規模のチャリティーロックイベント『ライブエイド』が行われた。

　南極の上空にオゾンホールが発生していることが確認され、フロンガスの使用禁止が急速に世界化して行き、ソ連ではゴルバチョフが就任して改革を推し進め、ヨーロッパの連合への動きが具体的になり始めた。

　日本では筑波で科学万博が開催され、八月に日航ジャンボ機の墜落事故が起き、520人が死亡した。ミノルタが世界初のオートフォーカス一眼レフカメラを発売し、アップルがマッキントッシュを製造した。

　前年には宮崎駿の『風の谷のナウシカ』や、アーノルド・シュワルツネッガーの『ターミネーター』が封切られた。グリコ・森永事件が起き、植村直己がマッキンリー単独登頂成功後に消息を絶った。

エイドリアン。
どうしてわからないの。
私たちみたいなお馬鹿さんは
いつだって夢を見続けているけど
ベッドに入って
シーツの中に潜り込んだら、もう
いろんなことを思いだしたりしちゃ駄目。
どんなにゆっくりでも
そのうち夜は明けるんだから。
明日の朝には
まっさらになって目を覚まさなくっちゃ。
だって、あの子たちの歳は
あなたの半分しかないんだから……
本を一ページ一ページ書きあげて行くように
いらいらしたり焦ったりしないで
私たちなりに生きて行けばいいのよ。

　ビートルズが登場した時に生まれた赤ん坊が、いつのまにか二十歳をこえるようになったこの頃、ロックシーンも、自ずと大きく変わり始める。ディランはすでに四十四歳。ジョン・レノンが殺されてからでさえ五年が過ぎた。ロックの第三世代とでもいうべきユーリズミックスの周りにさえ、まるで自分の子どものような歳のミュージシャンたちの姿。

　この歌が発表された85年にブライアン・フェリーが出した『ボーイズ&ガールズ』にも、「ママが言うのよ、踊り続けなきゃって、そうじゃなかったら死んだ方がましだって」という歌詞の入った『Don't Stop the Dance』という歌がある。

それに世界はゆっくり眠りにつき始めている。
あなたが心配している間も世界は
ずっと眠り続けている。
そして宇宙の何もかもがすぐに
遠い遠い宇宙の果ての
ちっぽけなクズになろうとしている。
エイドリアン。
わかるわよね?

　ロック第一世代が、古い世代や習慣や価値観や社会の仕組に叛旗《はんき》を翻《ひるがえ》してすでに二〇年。歴戦のつわものたちがロックし続けた結果、いつのまにやら、子どもたちより親たちのほうがなんとなく過激という、奇妙な現象さえ起きていた。

　娘や息子たちの新しい世代が、新しい音楽の流れをつくり、パーソナルコンピューターが新たな時代を予感させ、ソビエトが急激に変わり始め、第二次世界大戦の悲惨を繰り返さないようにと始まった、国境をなくしてヨーロッパを共同体にするという動きもいよいよ具体化し始めた。

　でも、かつてのロックの勢いを知る者たちにとっては、この歌のなかでアニーが歌うように、なぜか、世界はゆっくり眠りにつき始めている、ようにも見えた。

　それにしても、アニー・レノックスの、まるで翼を付けた矢のように真直ぐに、そして優雅に前に突き進む声の力は、まさしくＤＩＶＡ《ディーバ》。

1986

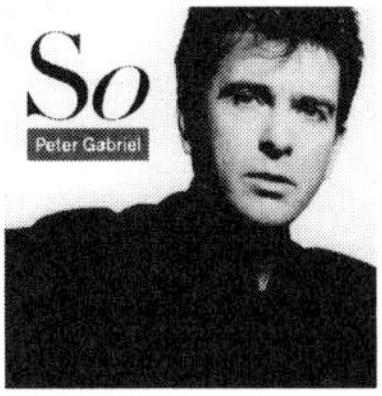

ドント・ギブアップ
ピーター・ガブリエル

『ドント・ギブアップ（Don't Give Up）』は、『レッド・レイン』『スレッジ・ハンマー』『ビッグ・タイム』などのソロとしてのピーター・ガブリエルの代表曲が目白押しの、彼のソロとしての五枚目にあたる大ヒットアルバム『So』に収められた歌。バックで歌うケイト・ブッシュが、なかば主役のような敗残同志応援愛歌。

この年チェルノブイリで原発事故が起き、スペースシャトル『チャレンジャー』が空中爆発事故を起こした。この頃から、ルチアーノ・ベネトンが創業した『ユナイテッド・カラーズ・オブ・ベネトン』が、カラーズという言葉に人種や思想の壁を越えた多様な価値と、企業は社会的な存在だという美意識を込め、メッセージ広告を世界展開し、ファッションブランドの概念とビジネスモデルを刷新《さっしん》した。また日本ではアークヒルズが竣工《しゅんこう》し、ドラゴンクエストが発売された。

この誉《ほま》れ高き地で
強者となるべく育てられた。
昔からずっと
それが俺たちに求められてきたこと。
俺が教えられたのは
戦い、そして勝つこと。
自分が負けるなんて
考えたこともなかった。
しかし今
俺には戦う場所すらない。
少なくとも俺にはそう見える。
俺は、夢という夢から見放された男。

顔を変え、名前も変えた。
しかし負け犬を相手にする者など
誰もいなかった。

諦めないで。
だってあなたには友だちがいるのよ。
諦めないで。
あなたは完全に打ちひしがれてしまったわけじゃない。
私にはわかる。
こんな状態からでも
あなたなら立ち直れると……
もちろん大変だとは分かっているけれど。
私が変だなんて思わないで。
これからが本当の闘いなのよ。
何とかしなくちゃいけないのよ。

　前衛的なチャレンジを連発し、才気煥発《さいきかんぱつ》を絵に描いたようだったピーター・ガブリエルの歌とは思えない、

惨めな敗残者ソング。強者であることを誇りとする者に特有の挫折？

　もちろんピーター・ガブリエルは敗者ではない。音楽家としての成功が、もし勝者ということだとすれば、彼は勝者の中の勝者のようなアーティストだ。だとしたら、これはいったい、誰のことを歌っているのか？

　ピーター・ガブリエルは、時代や社会に極めて敏感なアーティストだ。だとすれば、この敗者は、もしかしたら、アメリカあたりによくいるような、アメリカンドリームを掴《つか》み損ねたような敗者のことなのか？

　それにしては、それを揶揄《やゆ》するような雰囲気はなく、真摯《しんし》な深刻感が全体に漂っている。だとしたら、もしかしたらこの歌は、私（たち）のことを歌っているのかもしれないとも思う。

　かつてミックジャガーは、すでに億万長者だったにもかかわらず、『アンジー』のなかで、「ポケットのなかにはお金もなくて」と歌った。その歌を受け取った

私（たち）としては、実際のミックに金があろうがなかろうが、そんなことはどうでもよくて、ミックもまた私（たち）と同じような気分を感じているんだと思えたことが嬉しかったように、歌が基本的に、それを聴いてくれるかもしれない人を想定してつくられるものだとしたら、もしかしたらこの歌は、今を生きるすべての人のことを歌っているのかもしれないと、ふと感じる。だって考えてみたら、敗者でない人なんてどこにもいない。

夜中に車で故郷に向かった。
湖の側の俺が生まれた場所に。
夜が明けた時、俺が見たものは
焼け焦げた木々が大地に倒れ落ちている姿だった。

諦めないで。
だってあなたにはまだ私たちがいる。
諦めないで。
大切なことはそんなにはない。
諦めないで。
だってどこかには
あなたの場所があるから。
私たちの場所があるはずだから……
とにかく今は
あなたの頭を休めなくちゃ。
そしたらきっと大丈夫と思える。
とんでもない時代だけど
私たちにだってあなたのために
できることはある。
諦めないで。
お願いだから諦めないで。

どうやら敗者はこの男だけではない。彼の故郷だって無残な姿に変わってしまっている。もしかしたら、私たちが生きているこの社会、前に進むことしか考えず、金で幸せを買えると信じ、すべてを金に換算することばかりしてきた。大切なことはそんなにはないことを忘れてしまった、地球全体を覆ってしまっている、近代金融資本主義社会全体が敗者だと、ピーターは歌っているのかもしれない。

もちろん、ピーター・ガブリエルが、そんなことを思ってこの歌をつくったかどうかはわからない。けれど、歌には不思議な力がある。一つの歌に百人の人が心を動かされたとすれば、その歌には百通りの、あるいはそれ以上の意味がある。それと同時に、その歌は自ずと百人のなかにある共通の想いを代弁してもいる。

優れた歌のつくり手は、歌を自分だけのものとしてはつくらない。よほどのことがなければ、具体的な目的のためにもつくらない。たまたま見つけた確かさに、歌という命をもたらすために、そのことに自分という一人の人間の全身の感覚を動員する。だから優れた歌は、個々のちがいを越え、時空を超えて人にとどく。

ちなみに未来を予知する能力を持ち、人にヴィジョンを見せる役割を持つ大天使ガブリエルの名を持つピータ・ガブリエルは、多くの多様な才能を集めた彼自身が創立した場所、通常の商業ビジネスから距離をおいた『リアルワールド』の活動が象徴するように、音楽を新たな時空芸術ムーヴメントのひとつの要素ととらえているように見える。

ケイトブッシュの遥か彼方から響いてくるような、あるいはすぐそばで囁《ささや》かれるような、美しい声との掛け合いによって創り出される、遠くて近い不思議な歌の時空。

1986

トゥルー・カラーズ
シンディ・ローパー

『トゥルー・カラーズ（True Colors）』は、透き通るような肌に包まれた全身の細胞と気持ちを使って歌うシンディ・ローパーのセカンドアルバム『True Colors』のタイトル曲。３・11の時がそうであったように、言葉を失ってしまうような情況のなかでシンディが歌うことで、いっそう輝きを放つ不思議な友愛歌。

悲しい目をしたあなた。
そんなに落ち込んだりしちゃ駄目。
勇気を出してなんて
簡単に言えないのはわかってるけど。

でも世界中には、たくさんの人がいる。
なのにあなたの目は
誰も映さなくなっちゃったのね。
あなたの中の闇が
あなたをちっぽけに感じさせるのね。
でも私には
そんなあなたの中にほんとうの
いろんな色が生きているのが見える。
それがみんな輝いて
外に出ようとしているのが見える。
だから私は、あなたが好きなの。
だから、怖がらないで。
その色を
みんなに見せてやろうよ。
あなたの、ほんとうの色たちを。
それは、みんなみんな綺麗。
まるで虹みたい……

シンディ・ローパーには、この人は、歌を歌うことが本当に好きなんだなと感じさせるだけではなくて、そのことによって、聴く人と心を交わすことが大好きなんだと感じさせる不思議な魅力に包まれたパワーがある。そして、男にはこんな歌は歌えない、となぜか思ったりもする。どうしてかはわからない。さらにこの歌は、たぶん、シンディが歌ってこそ輝く。

女という存在の不思議と、シンシア・アン・ステファニー・ローパーという個性の不思議。この二つの不思議が重なった場所でシンディ・ローパーは、歌の聴き手を求めて生きていると、なぜか感じる。

だから笑って。
不幸だなんて思っちゃ駄目。
私、覚えてる。
あなたが笑った時の笑顔を。
もしこの世が馬鹿馬鹿しくなって
そんな何もかもに
堪えなくちゃいけなくなったら
私を呼んで。
そしたらすぐに側に行く。

あなたは自分であり、そして自分があなたでもあるような、個と個との隔《へだ》てのない対話のような歌。このシンプルな歌を非凡にしているのは、おそらく、人はみんな同じように見えても、でもみんな少しづつ違う、同じようで違うからこそ、人には人が必要なんだという、あたりまえのことを、特別に大切なこととして歌う、その歌い方、あるいはそこに込められた等身大の懸命さにある。

このころ私は、本がつくりたくなって日本に帰ってきていて、イビサ島で知りあって仲よくなった年上の友だち、写真家のジョアキン・ゴミスのポストカードのコレクションを素材にして『一九〇〇年の女神たち』という本などを、谷口江里也の名前でつくったりした。

そして、シンディのこの歌を耳にしたあたりから、もしかしたらこれからは女性の時代かもと、なぜか想いはじめてもいた。

フラジャイル
スティング

1987

『フラジャイル（Fragile）』は、ポリスで育ったスティングが独り立ちして創った三枚目のアルバム『Nothing Like the Sun』に収められた歌。しなやかな鋼《はがね》のような、あるいは水晶色のレーザービームのような声を持った、かつてのやんちゃ坊主の、この上なく美しく哀しく、そして繊細な生命愛歌。

この年、いわゆるブラックマンデーによって世界中の株価が暴落する一方、ゴッホやマネの絵画が高騰した。世界の人口が五〇億人を突破し、大韓航空機爆破事件が起きた。デヴィッド・ボウイが、ベルリンの壁の前でコンサートを行ない、壁の向こうで耳を傾ける数千人の人々に向けて『Heroes』を歌った。
日本では国鉄が民営化されてJRとなり、NTTが携帯電話サービスを開始し、桜井淑敏率いるホンダF1チームが、コンストラクターズとドライバーズの、ダブルチャンピオンを獲得してF1ブームを巻き起こした。また不動産神話を背景とした金融バブルが日本列島を金まみれにしていた。

もしも
人の体に鋼の刃《やいば》がくいこんで
人の血が流れたとしても
それはそのうち
夕陽の鮮やかな色を浴びて乾き
そして明日には
その血の跡を、雨が洗い流してしまう。
それが意味するものは、たぶん
命をかけた諍《いさか》いに

けりがつけられたという
ただそれだけの事。
暴力からはなにも始まらないのに。
暴力で解決できることなんて何もないのに。
一度だって、なかったのに……
この怒り狂った星の上で
生を受けた全ての命が
とてもとても
脆《もろ》くて壊れやすいものだということを
決して忘れたりしてはならないのに……

よほどの想いを抱え込まなければ、たぶん、このような歌はつくれない。というより、いろんな想いを自分のこととして抱え込む強靭《きょうじん》な気力と、それらをしっかりと包み込む健《すこ》やかな皮膚がなければ、このような歌はつくれないし歌えない。
もちろん人や社会や、広い意味の命にとって大切なことを、大切なこととして感じ取る繊細な感覚と、人としての心、そして何が美しくて何が醜いかを瞬時に感じ取る人間的な美意識がなければ、もともとなにもはじまらない。ネガティヴなことを減らすことも、ポジティブなことを増やすことも、自分やまわりを豊かにすることも。

雨が、雨が降り続く。
夜空の星が流す涙のように。
星が流す涙のように。
雨が、雨が囁《ささや》き続ける。
私たちはみんな
とてもとても
脆くて壊れやすく
脆くて壊れやすい
命と命なんだよと。

　歌をつくり歌うことによって成長し、成長することによって歌の確かさを強めていったスティングは、ロックや表現が人にとって、なぜかとても役立つ何かだということを全身で証明してくれたアーティストの一人だ。

　スティングには、もしも彼がロックと出会わなかったら、そしてそのことを通して多くの音や言葉や想いや人や世界と出会わなかったら、スティングになれなかったと、強く感じさせる何かがある。

　ここでいう表現というのは、水が飲みたいとか、そこにある新聞を取って欲しいとかいう、具体的な欲求を伝えたり用事を頼んだりするようなことではなく、自分が感じたことを誰かに、何らかの形で伝えようとして、言葉を発したり歌をつくったりすることであり、そのことによって、自分や相手とのあいだにある何かを確かめ、あるいは、その関係を少しでもよくしようという気持、つまりはなんらかの愛が働いている行為のことだ。

　だから、相手をただ攻撃するためだけに使われる言葉や行動を、表現とは私はよばない。対象が具体的であってもなくても、一人でも大勢でも同じだ。つまり戦争のような、命や街の破壊や自然の破壊は、スティングがここで言う、暴力にほかならない。

一つのすぐれた歌には一つの世界、その歌をつくり歌い、あるいは聴くことによって、たとえ一瞬でも、その世界を共に生きたと感じさせる力と広がりがある。そこで感じた感動や記憶は、現実の体験と同じように、私たちの心身の一部となって残る。そんな積み重ねがたぶんスティングを、比類の無いスティングにした。

1988

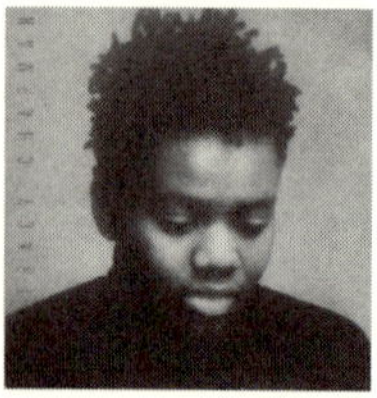

ファスト・カー
トレイシー・チャップマン

『ファスト・カー（Fast Car）』は、メッセージ・フォークの始まりの頃を想わせるような、シンプルだけれども強い歌を、ギターを抱えて淡々と歌うアフリカ系アメリカ人、トレイシー・チャップマンのデビューアルバム『Tracy Chapman』のなかの、切ないけれども強い響きが新鮮な、アナザーサイド・オブ・アメリカン・ドリーム愛歌。

この年、八月にイラン・イラク戦争が一応終結し、九月にはソウルオリンピックが開催されたが、十二月にはイギリス上空でパンナム機が爆破された。アマゾンの熱帯雨林が金もうけのために膨大に焼き払われ、あるいは伐採されて激減し、アメリカではインターネット・ビジネスが始まった。
日本では多くの政治家に賄賂《わいろ》をばらまいたリクルート事件が起きた。多くの政治家は、賄賂をもらったのは秘書であって自分は知らなかったと強弁したが、事件は政界ばかりではなく、省庁や経済界全体にまで広がり、庶民とは無関係なところでの、政、官、財の恒常的な癒着《ゆちゃく》が顕《あらわ》になった。また東京ドームや瀬戸大橋が完成した。翌年、日本は昭和天皇が崩御して年号が平成に変わり、中国では天安門事件が起きた。

あんたは速い車を手に入れた。
私はどっかに行ける切符が欲しい。
私たち取引できるんじゃない？
そうすりゃ私たち
一緒にどっかに行けるしさ。
どこだって、ここよりましよ。

ゼロから始めるんだから。
失うものなんてなにも無い。
そしてたぶん二人できっと何かできる。
もちろん、そんなこと言ったって
私が何か約束できるってわけじゃないけどね。

あんたは速い車を手に入れた。
私は二人でここを出られたらって思ってる。
ずっとコンビニエンス・ストアで働いて
セコセコ小銭を稼いで倹約して……
凄いスピードで
ぶっ飛ばしたいって思わない？
国境を越えて街に行くのよ。
そこで私もあんたも
二人で仕事を探して
そのうち、生きててよかったって
思えるようになるのよ。

トレーシー・チャップマンが出てきた時、なんだかとても新鮮な気持ちがした。こんな娘《こ》が、まだいたんだと思った。そしてすぐに、当たり前じゃないか、とも思った。

合衆国ではスーパースターが、アメリカン・ドリーム幻想を振りまき、日本もバブル真っ盛りだったが、オウム真理教が暴走し始めるなど、不穏《ふおん》な狂気が広く強く漂い始めてもいた。

もちろんいつの時代にも、光があれば影もある。けれど、あまりにも強い光のまぶしさは、しばしば影の部分を隠す。

あんたは速い車を手に入れた
二人で目一杯乗り回して楽しんだ
でも、あんたは仕事が見つからなくて
私はスーパーでレジをやった
それでも、うまく行くって思ってた
そのうちあんたも仕事を見付けて

私のお給料だって上がって
そのうち納屋みたいな所から抜け出て
もっと大きな家を買って
小奇麗な郊外に住むんだって思ってた

だから私、覚えてる
一緒にあんたの車に乗って
一緒にぶっ飛ばした時のことを
とんでもないスピードで
私なんか酔っぱらっちゃったみたいになっちゃって
私たちの行く先に街の光が見えてきた時には
おまけにあんたが
私の肩を抱いてくれたりしたもんだから
私もう、ウットリしちゃって
私はあんたのものよって気分になった
私じゃない誰かになれた気がした
そう、私じゃない誰かに
私じゃない誰かに

金融商品のプログラム化によって、マネーが膨張に膨張を続け、金持ちがますます金持ちになっていくなかで、貧富の格差は拡大の一途を辿り、やがて歯止《はど》めさえきかなくなっていく。

もちろん数字上の金がどんなに増え続けても、それに応じて食べ物が増えるわけではない。人は食べなければ生きられないが、食料さえもが金融商品化されるマネーゲームのなかで、貧乏人の口に届く食料はむしろ少なくなっていく。毅然《きぜん》と物語るように歌う彼女の声が聞こえてきたのは、そんな異常な拝金金融資本主義の、深い闇の中からだった。

トレイシー・チャップマンが『ファストカー』を歌い始める少し前、黒人ではないけれど、同じように若いスザンヌ・ヴェガが、『Solitude Standing』という、飾り気のない、実にセンスのよいアルバムを出した。そのなかでサラリと気負いなく歌われる『ルカ(Luka)』は、内容としては親による児童虐待を歌った歌だったが、歌い方にも歌詞にも演奏にも、いかにも音楽と共に育った感じの、新世代の若い女性のセンスのよさが際立っていて、やはりこれからは、女性の感性や表現が、新たな時代の新たな何かを切り開いていくことになるのかもしれないと、あらためて思った。

1988

あなたの岸辺で
エンヤ

遠い北の国、アイルランドから突如流れてきたエンヤの声は、忘れていた何かを思いださせるような、あるいはどこか遥かな場所から舞い降りてきたような、不思議な響きに満ちていた。

『あなたの岸辺で（On Your Shore）』は、そんなエンヤの魅力を満載した実質的なデビューアルバム、『Watermark』のなかの、波の上を静かに渡って聞こえてきて、心身に染み入るような、美しくも不思議な愛歌。

私の心の不思議なときめき。

あなたの岸辺で私を見つけた。
ずっと前になくしたはずものを
今こうして感じる不思議。
若かった頃の夢が
冷たい波に洗われて
漂いながら遠くに消える。
時がなくなってしまうから
もうこれで十分と言えるほどには
あなたを抱けない。
だから、ここが
私のいるべきところ。

日が落ち
そして夜が過ぎていく。
私のそばで日が落ち、そして夜が過ぎていく。
私は、私が大切にし続けなければならない夢のことを
知っている。

初めて聴いたはずなのに、どこかで聴いたことがあるような、あるいは未来の記憶をたどるような、なぜか心が、どこからともなく吹いてきた風に洗われるような、そんな響きを持つエンヤの歌は、遥か彼方のアイルランド、というより、誰もが忘れかけていた、自分自身の心のなかの、どこか深い場所からやってきた。

　エンヤに限らず、ロックシーンのなかで、新鮮な響きは、北や南や西や東の果て、なぜかいつも辺境から聞こえてきたように思える。たぶんそれはきっと、地球が丸いからだろう。人間がみな、どこかに同じ思いを秘めているからだろう。ずっとずっと真直ぐに遠くまで行く人は、いつかは此処《ここ》にたどり着く。

　自分の心と体、それらが一体となって感じることを見つめる人は、あるいは、そこから聞こえてくる音に耳を澄ます人が聴くのは、きっと、同じ地球の上の、どこか遠いところで、同じように佇む人の、心の奥深いところにある声。

幼かった頃の私の日々の
私の心のなかにまでとどく青い水平線。
思い出がよみがえる。
忘れていたことをあなたが蘇《よみがえ》らせてくれる。
不思議な私の心のときめき。
深い水の底で
どうすればいいかさえ
わからない私なのに
あなたの岸辺に立っているとわかったときの
この不思議な
私の心のときめき。

　エンヤの声や言葉は、遠くて近いとこから時空を超えてやってきて、不思議なことに、ずっとまえからそこにあったかのように響く。

　北極星がまばたく音のような、大地の奥の熱いマグマのその下で眠る岩のつぶやきのようなエンヤの声。

　楽器がいつも、誰かによって奏でられるのを待つように、エンヤの声は、誰かに聴かれることを待ち続けているを感じる不思議。

第九フェーズ

アンダー・ザ・レッド・スカイ

1990～1994

1990

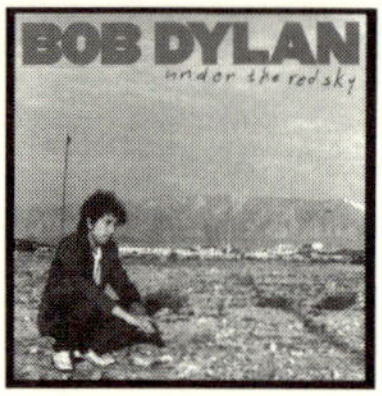

真っ赤な空の下で
ボブ・ディラン

『真っ赤な空の下で（Under the Red Sky）』は、イラクがクエートに侵攻した一九九〇年に発表されたアルバム『Under the Red Sky』のタイトル曲。翌年の一月に多国籍軍がイラクを空爆し、いわゆる湾岸戦争が始まることになる時期の、謎のような寓話的な愛歌。このアルバムの後ディランは、もう新しい歌はつくらないと発言したりした。

　この年、西と東とを隔てていた冷戦の象徴、ベルリンの壁がついに崩壊し、東西ドイツが統合された。東欧諸国でも独裁者チャウセスク政権崩壊後のルーマニアで民主的な選挙が行われるなど、体制の転換が進行した。南アフリカではネルソン・マンデラが解放され、日本ではバブル経済が崩壊した。

まだ若い少年と少女がいた。
二人は、真っ赤な空の下の谷間に住んでいた。

一人の老人が月に住んでいた。
ある夏の日、老人が谷間にやってきた。
一人の老人が月に住んでいた。
ある夏の日、老人が谷間にやってきた。

ある日、少女の暮しを、なにもかも
一変させてしまう出来事が起きる。
ある日、少女は
靴みたいに大きなダイアモンドを手に入れる。

　歌のなかでは直接的な表現はないが、「真っ赤な空の下」という表現は、明らかに、燃え上がる戦火に染まった空を連想させる。

一九八〇年にイラクのイランに対する急襲攻撃によって始まり、八八年まで続いたイラン・イラク戦争は、一九七九年に大統領に就任して軍事独裁政権を築いたサダム・フセインが仕掛けた戦争ではあるけれども、このあたりで勃発する多くの戦争がそうであるように、石油の利権を巡る争いが根底にある。それと同時に、背後には常に、米ソを中心とする大国が大きく影響を及ぼしている。

イラン・イラク戦争も、石油の積み出し港をめぐる両国の争いであると同時に、アメリカ合衆国の傀儡《かいらい》政権下にあったイランで、イスラム革命が起き、一気に反欧米姿勢を強くしたイランを押さえ込むために、アメリカの思惑によってイラクが起こした代理戦争的な側面がある。欧米は武器の供与を含めて、イラクを暗黙のうちにバックアップしていた。

イラクのクエートへの侵攻も、そうした背景と決して無縁ではない。フセインは侵攻前、クエートが領土を越えて石油を採掘しているとクエートをしきりに非難したり挑発したりなどしていたが、欧米がそれを半ば黙視したため、それに意を強くしたフセインが、状勢を読み誤ってクエートに侵攻した側面がある。

小国ではあっても有数の産油国であるクエートを独裁国家のイラクが占領するような事態を、世界が容認するわけがない。一九九〇年八月のイラクのクエート侵攻を、欧米はもちろんソ連までもが非難し、翌年、多国籍軍によるイラクへの攻撃が開始される。

そんな不穏な空気のなかでつくられたこの歌は、印象としてはのどかだけれども、月に住んでいた老人がある日急にやってきて、それから谷間の暮らしが一変してしまい、少女が靴みたいに大きなダイアモンドを手に入れるなど、なにやら寓意に満ちている。

「もうこれからは新しい歌はつくらない、もう十分つくったから」というこの頃のディランの発言も、『風に吹かれて』をはじめ、あんなに戦争の愚を歌ってきたのにという、うんざりするようなディランの気持の表れのように、私には思えてならない。

風は、弱く吹く日もあり、強く吹く日もある。
ある日、少年と少女は、二人いっしょに
一個のパイの中で焼き上がる。

それが王国。
ここにあるのはその中の小さな町。
そこへあなた方を導くのは
目隠しをされた馬。

鳥が歌う日もあれば、鳥が飛ぶ日もあった。
ある日、月から来た老人が、月に戻り
そして、川が干上がった。

翌一九九一年、冷戦がいよいよ終わったと思ったのもつかの間、年明け早々、無数の爆撃機が空を飛び交い始める。圧倒的な戦力を持つ合衆国を中心とする多国籍軍が襲いかかったのは、多国籍軍からみれば赤児も同然の、ほとんど丸腰のイラク。

貯まりに貯まった不良在庫を一掃するかのように大量の爆弾が落とされ、コンピューター時代の最先端を行く合衆国の先進性を見せつけるかのように繰り返しメディアで流される、ピンポイント爆撃と呼ばれたハイテク攻撃の映像。現代の錬金術《れんきんじゅつ》の材料ともいうべき石油にまみれた海鵜《うみう》の姿。

こうして、ベトナム戦争のあと、しばらくなりを潜めながらも、裏で暗躍し続けていた、強国の基幹産業ともいうべき軍事産業が、待ちに待っていたかのような戦争がついに始まってしまった。そしてその後遺症《こういしょう》は、今にいたるまで深刻化し続けている。

月と地球を行ったり来たりするような奇妙な老人さえ来なければ、もしかしたら少年も少女も、紅い海の近くの、赤くはない空の下で、自然に出会い、愛しあい、水が流れる谷間で、自分たちと同じような男の子や女の子を得たかもしれないのに……

アルバムには、ごつごつとした石がころがる荒れ地に坐るディランの写真が使われているが、大きなダイアモンドも、人間が関わらなければただの石ころ。

1991

巨大な車輪のお祈りの歌
マッシヴ・アタック

『巨大な車輪のお祈りの歌（Hymn of the Big Wheel）』は、マッシヴ・アタック（Massive Attack 大規模攻撃）が、湾岸戦争が始まった年に出した彼らのデビューアルバム『Blue Lines』のなかの、危機的状況にある人類への愛歌。

いかにも刺激的なユニット名がイギリス政府のお怒りをかったので、ほんの一瞬、マッシヴという名で呼ばれた。

この年、ユーゴスラビア連邦が分裂し、バルト三国が独立し、ソビエト連邦が崩壊した。このことを資本主義社会の歴史的勝利と勘違いした西側で金融資本主義と新自由主義とが暴走を始め、アメリカ合衆国は、自らのリーダーシップによる新世界秩序構築の野望を顕《あらわ》にし始める。

翌年、旧ユーゴ圏ボスニアで内乱が起こり、旧ソ連内部でも紛争が多発し、アフリカのソマリアでは内戦が激化して無政府状態に陥るなど、ＥＵが誕生しようとしていたこの頃、世界は極めて大きな岐路《きろ》にさしかかっていた。

巨大な車輪が回り続ける。
一つの軌道の上を、毎日、毎日。
地軸を中心に地球はまわり続ける。
その上で、もがき、闘う人もいれば
同じ時に、のんびり寛《くつろ》ぐ人もいる。

俺の心のなかにぽっかり開いた穴。
まるで世界がなくなっちゃったみたいだ。

そのうち重力でもとに戻るのかもしれないけど……
巨大な車輪はまわり続け
空が日々の変化を表し続ける。
息子よ、ほら天気ってのはね
変わり続けるもんなんだよ。

お前が自由な人生を送れるって思いたい。
すがすがしい木の下で
いつかもう一度、青い空を見上げたい。
けど、お前はなよなよした男になり
海は真っ赤になっちまう。
息子よ、言っとくけど
磁場っていうパワーがあって、それは
俺たちの頭じゃ考えられないくらい強いんだぜ。

マッシヴ・アタックという、目の覚めるようなロック魂を持った連中の音楽が、クラブ・サウンドだろうが、ブリストル・サウンドだろうが、そんなことはどうでもいい。ロックにとって大切なのは、同じ時代を生きる人の心や愛と触れあいながら、サウンドと言葉を一体化させたメッセージを、今より少しはましな明日の方に向かって吹く風に、一つの気流として溶け込ませられるかどうかだ。

たかが音楽じゃないか、政治や社会状況と音楽とは関係ないなどと言う人は、ディランやビートルズが巻き起こした風の確かさを、その確かさを自分のものとして歩んだ多くの素晴らしいミュージシャンたちの歌を、つまりは権威や金ではなく、人間を大切にする地球時代の扉を開いたロックを知らないと言われても仕方がない。それ以前に誰だって、社会の中で政治に振り回されて生きている。

私たちはみんな、地球を包み込んで流れる同じ空気を吸って生きている。つながった大地の上で、遠くの誰かがつくった物を食べ、地球の裏側で起きた映像を見ながら暮らしている。

ロックにとって重要なのは、年齢でもファッションでもジャンルでも、演奏する場所でもファンの数でもない。人と地球と命と美と愛と今と時代を、まるごと抱えて前を見て表現できるかどうかが、ロックか否かをわける。

息子よ、だから目を閉じて
パパをしっかり抱きしめるんだ。
そしたら、いつかまたお前に
夕陽を見せてあげよう。

巨大な車輪が回り続ける。
一つの軌道の上を、毎日、毎日。
地軸を中心に地球はまわり続ける。
その上で、もがき闘う人もいれば
同じ時に、のんびり寛ぐ人もいる。

一人の子どもの声なき祈りが聞こえて
俺は、何を望んでいたのかさえ

わからなくなってしまう。
そんな地球の上の俺たちを
カメラを積んだ人工衛星が空から監視し
降りそそいだ酸性雨が海に流れて
そいつが俺の心のなかに開いた
目には見えない穴をヒリヒリさせて洗いやがる。
どんな王さまだって
こんな事態を元に戻せやしない。
それでもスラム街の上にだって太陽は昇り
人間たちの命を育てる。
もしかしたら穴のあいた俺の心だって
いつかまた治ることがあるかもしれない。

マッシヴ・アタックのサウンドは素晴らしい。そこには筋金入りのロックスピリッツが宿っている。それを新しいタイプの、もう一つの美しい歌のかたちにして見せたところに、彼らのクリエイティビティの高さと強靭《きょうじん》さがある。

1991

ワン
U2

『ワン（One）』は、わずかな金を持ってアイルランドのダブリンから出てきて、世界で最も影響力を持つバンドとなったU2。ロックバンドという方法が育んできた可能性をストレートに、最大限に展開してみせたU2。そして、あらゆる人間的なこと、社会的なことを歌の中に取り入れると共に、想いを言動に表しもしてきたU2が、さらに一歩踏み出してつくった『アクトンベイビー（Achtung Baby）』のなかの信念愛歌。

良い方に向かっているんだろうか、それとも？
君も僕と同じように感じているんだろうか？

そんなことをして君は楽になるんだろうか？
非難する誰かを見つけて非難することで……
君は言う。
一人ひとりの愛、一人ひとりの人生。
でも真夜中に誰かが必要になったとき
僕らは一つの愛を分かちあうために
一緒になるんじゃないんだろうか。
もし君が、そんなことはどうでもいいって言うのなら
もう君とは一緒に行けない。

僕が君を裏切ったって？
気まずい想いを君の心に残したって？
だって君は一度も
人を愛したことなんてないって言ったじゃないか。
君とは関係なく、僕だけで
勝手にやればいいと言ったじゃないか。
どっちにしても、もう手遅れだよ。
いまさら、過ぎてしまった過去を

無理やりどうにかしようなんて。
僕らはみんな同じ人間だけど
何もかも同じってわけじゃない。
だから、僕らは一人ひとり
それぞれ一人ひとりのみんなと
共に生きていかなくちゃならない。
それぞれ一人で。

憧れというのは人にとって、とても素晴らしい力、というか、もしそういう不思議な心のエンジンがなかったら、人は美を、文化や文明や社会を創りだすことができなかっただろうし、そもそも人になれなかったのではないかとさえ思う。

身近であれ、遥か彼方にあるなにかに対するものであれ、憧れは、人を、ここではないどこかに連れて行く。U2は明らかにロックに、つまりはそこに秘められたダイナミズム、演奏する自分をわくわくさせると

同時に、それを聴く人々を同じようにわくわくさせて、一緒にどこかへいけると実感できる何かに、純粋に憧れている。

愛は人にとってかけがえのない力。だけど愛というのは、君と僕とがいつでも同じことを想い合うことじゃない。僕と君とは違う個人だから、それぞれが好きなことをすればいいってことでもない。

憧れや愛に敏感であることは、それを大切にするということは、同時に、それを妨げたり、踏みにじるものに対しても敏感でなければならない。

憧れも愛も、太古の昔から、共に力を合わせ、互いに助けあうことによって生き延びてきた人間にとって必要な、他者とのつながりの、最も美しいありようだから。

君は言う。
神の愛は明解。
神の愛は至上の掟《おきて》。

神の愛は寺院にあって
君は僕にそこに入れって言う。
そのためにへりくだれって言うけど
そんなこと、できるわけないよ。
そんなことしたって
結局は、みんなが傷つく。

一つの愛。
一滴の血。
一つの人生。
君は君のやらなきゃいけない事を
やらなきゃいけなかったのに……
一つの人生を
みんなと一緒に。
姉妹や
兄弟と一緒に……

ボノがこの歌の中で懸命《けんめい》に語りかけている愛は、もちろん、キリスト教の神さまの愛でもなければ、二人だけの愛でもない。もし神さまの愛が、人間みんなを包み込めるほどにも大きくて、それに比べれば人間の愛なんてちっぽけなものなんだとしたら、だから信じて単にそれにすがればいいんだとしたら、人が、それぞれの憧れを抱き、それぞれの喜びを求め、誰かのことを想いながら生きていく意味がない。

　それに、善悪を知らしめる絶対神である、キリスト教やユダヤ教やイスラム教の神の愛は、しばしば大義や正義につながる。つまり、もしそのようなことを国が掲げて他者を非難すれば、それは戦争につながってしまう。そして結局、みんなが傷つく。

　U2はこのアルバムを、東西を隔てていた壁が壊れたベルリンで録音した。要するに、U2がここで言っているのは、冷戦が終わった今、もう昔のように、善だの悪だの、共産主義だの資本主義だの、右だの左だのといった、大きな概念や体制なんかにすがったり、その蔭に隠れたり、それを降りかざして他人を批判するような時代じゃない。みんな、自分の頭で考え、誰もが自分のやらなくてはいけないことを、たった一つしかない自分の身体で表現するしかないということ。僕らはみんな、そんな時代を生きているんだよ、ということだ。

僕らはみんな同じ人間だけど
何もかも同じってわけじゃない。
だから、僕らは一人ひとり
それぞれ一人ひとりのみんなと
共に生きていかなくちゃならない。
それぞれ、一人で……

　U2の歌を聴いていると、もしかしたらほんとうの知性《インテリジェンス》というのは、自分と誰かとの、同じ部分や微妙な違いを見つめて、それがどうしてなのかを、考えることから育まれていくもの、もしくは、自分のやっていることや向かう先と、憧れとのズレを見定め、それをより良い方へと修正する客観力を含めた知力、あるいは勇気なのかもしれないと感じる。

彼らは多くの場合、歌の中で答えを出したりなどせず、謎のような言葉をたくさんちりばめる。だって人は、謎から、つまりは、どうして？ と考えるところから、それぞれ自分の一歩を歩みはじめる。そのような意味で、U2は極めて人間的な、そして普遍的で確かな憧れと共にある、自然体の、そして知性的なバンドだ。

1992

ティアーズ・イン・ヘヴン
エリック・クラプトン

『ティアーズ・イン・ヘヴン（Tears in Heaven）』は、世界的名声や重度のドラッグやアルコール中毒など、体に悪いもののすべてを背負い込み、普通の人間なら何度も死ぬような状況を美と共に生き延びてきたクラプトンを襲った悲劇、九一年の三月に、たまたま開いていた高層ビルの窓から落ちるという事故によって亡くした息子への、美しくも哀しい愛歌。

息子の突然の死によって、悲嘆の底に沈み込んでいたクラプトンに立ち直るきっかけをあたえるべく、ジョージ・ハリスンが自らのコンサートをクラプトンのバンドメンバーと共に、クラプトンが大好きな日本だけで行なうことを持ちかけ、それは十二月に実現した。『レイラ』で歌われたようなことがあった後も親友であり続けたジョージによって行なわれたコンサートでの、クラプトンのギターのクリスタルのように澄んだ音が、このうえなく美しかった。
　この歌は、事故の翌年、アンプラグドが流行するきっかけとなったライブアルバム『Unplugged』に収められた。

もし天国で君に会えたら
私の名前を覚えていてくれるだろうか?
もし天国で君に会えたら
同じように接してくれるだろうか?

もっとしっかりしなくちゃいけないと思う。
そうして生きていかなくては、と思う。
だって私にはまだ
天国に行く資格がないから……

ハンディやダメージを、そのつど試練として受け入れ、その泥沼の中で必死に生き続けながら、たまたま宝石のような何かを掴み取るという奇蹟を、結果的に何度も起こし続けてきた者だけが、人から天才と呼ばれるような存在になれるのかもしれない。
　あるいは、どんな状況のなかにあっても、宝石とそうではないものとを見分けずにはいられない強靭《きょうじん》でクールな心身や、それによって研《と》ぎ澄まされた判断力、才能や技量こそが天才をつくっていくのかもしれない。

なんとかやっていこうと思う。
夜も昼も
自分がやらなくちゃいけないことを
やっていこうと思う。
だって私は自分がまだ
天国にいれてもらえるような
人間じゃないとわかっているから……

いつかきっと
天国の扉の前に立つ日がくると思う。
そこはきっと
平和な場所なんだろうと思う。
きっとそこではもう
泣かなくてもいいんだと思う。

もともと歌やアートには、個人的な悲しみを、そうではない哀しみ、誰もが触れ合える普遍性のある哀しみに変える力がある。あるいは一瞬の喜びを永遠に変える働きがある。

人はそうして、時が経っても消し去ることができない何かと向かいあい、それに美をまとわせて、忘れ去るのではなく、それと共に生きていける心を育ててきた。かけがえのない一瞬に、永遠のかたちを与えて生きてきた。

ただ、深い悲しみとつりあえるほどの美しさを創り出すのは、それほど簡単なことではない。というより、よほどの確かさや愛や、それを求める無心で繊細な心がなければ、悲しみを哀しみに変えるほどの美を織りなすことなどできない。彼がアコースティック・ギターで歌うこの歌を聞くと、そんなことをふと想う。

1994

イッツ・グッド・トゥ・ビー・キング
トム・ペティ

『イッツ・グッド・トゥ・ビー・キング（It's Good to be King）』は、レオン・ラッセルのシェルターからデビューして以来、シンプルでピュアーなバンド、ハートブレーカーズと共に淡々と活躍し続けてきたトム・ペティの二枚目のソロアルバム『ワイルドフラワーズ（Wildflowers）』の中の、やや厭世的《えんせいてき》な自分愛歌。

この年、ネルソン・マンデラが南アの大統領になる一方、ルワンダでは内戦で民族間の対立が激化し、何十万人もが殺され、国民の約半数が難民となった。

またF1の天才チャンピオンドライバー、アイルトン・セナが、レース中の事故で死亡した。翌年一月には、日本で阪神・淡路大震災によって六〇〇〇人以上もの人が死亡し、三月にはオウム真理教が地下鉄サリン事件を起こした。

その前年、イスラエルとパレスティナ解放機構が平和協定を結び、日本では。三八年も続いた自民党の単独政権がいったん終わり、細川連立政権が誕生したが、どちらも長続きしなかった。

ほんの少しのあいだなら
王さまになるのはいいかもしれない。
ベルベットに包まれ、そう
目の前の人に微笑みを投げかけて……
てっぺんに上りつめて決して落ちないというのは
いいかもしれない。
小さな街の王さまになるっていうのは
いいかもしれない。

そう、もし私がその街の王さまだったら

スイングするその街を
私はさらにもっと気持ちよくスイングさせられる。
もし私が、そんな夢を
見続けていられたなら……

筋金入りのロッカーというのは、トム・ペティのような人のことをいうのだろうが、ここではそのトム・ペティが、彼にしてはヤワなことを、なにやら独り言のように歌っている。

ともあれ、レオン・ラッセルが創設した初期のシェルター・レーベルは、トム・ペティにせよ、ジェシ・デイビスにせよ、JJ・ケールにせよ、地味だけれども正真正銘のアーティストばかりを世に出した。しかも彼らはデビュー当時、ほとんど無名だった。

トム・ペティとハートブレイカーズは、80年代の末期に、ボブ・ディランのバックバンドとしてツアーをサポートするが、ディランは、ザ・バンドに始まり、マーク・ノップラーなど、新しい才能に敏感だ。時代に敏感なロックミュージシャンが、新しい才能に敏感なのは当然かもしれないが、そんなディランに選ばれた、ピュアーで無駄のないタイトな演奏で知られるトム・ペティの、この弱気は、いったいどうしたことだろう。

そう、もし犬に翼があったら
私は王さまになれる。
そういうことだって起こり得る。
もし私が、そんな夢を
見続けることができるなら……

王さまになるっていうのはいいかもしれない。
自分の世界を持つっていうのは。
そうして友だちをつくり
女の子たちのなかから
決して逃げていったりしない
ちっちゃくて可愛い王女さまを得て……

そんな王さまになれたらいい。
たとえそのために、どんな犠牲を払ったとしても。

ごめん。
どこにいっても
私が心の中のどこかに
そんな気持ちを
抱き続けているとしたら……

この頃、日本のバブルはすでに崩壊していたが、かつてのライバルであった社会主義の衰退に勢いを得たグローバル金融資本主義は暴走をさらに拡大し、クラッシュと隣り合わせの危険な領域に入り込んでいた。名うてのロッカーであるトム・ペティでさえ、ふと、こんなお伽話《とぎばなし》のようなことを想ってしまう時代。この歌の、哀しみを帯びたトーンは、そんな時代の不穏な、というより、先の見えない、どこか絶望的な気分をうまく表しているように思える。

1994

スコーン、あなたは無垢《むく》なだけじゃない
シニード・オコーナー

『スコーン、あなたは無垢なだけじゃない（Scorn not his simplicity）』は、スキンヘッドでしばしば過激な言動を繰り返してきたシニード・オコーナーの四枚目のアルバム『Universal Mother（どこにでもいる母親）』の中の、このうえなく美しい、幼い我が子への愛歌。強すぎるほどの愛情と感受性と正義感と飢餓《きが》感と優しさの狭間《はざま》で彼女が、母になって咲かせた可憐《かれん》な花。

この子を見て。
金色の髪をしたこの子を見て。
まだ何も知らない無垢《むく》な目をしたこの子を。

それでもわかる。
この子が何を感じているかが。
私たちにはわかる。
というより、心のそこから
わかってあげたいと思う。

ほら、この子を見て。
一人で立ってくれたこの子を。
遊んでいるほかの子たちを
見つめているこの子を。
子どもだというそれだけで
自分がほかの子たちと同じだと思っている。
そしてあの子たちは一人ひとり違うということを
もう知っている。

スコーン
あなたは無垢なだけじゃない。
そうじゃなくて
全身で自分自身を愛そうとしている。
スコーン
あなたは無垢なだけじゃない。
それだけじゃない。
ほんとに、それだけじゃない。

アイルランドのダブリンは、U2やビョークやエンヤなど、実に多くの世界的なミュージシャンを輩出《はいしゅつ》している。彼女もダブリンの出身。ダブリンがどうしてそういう場所になったのかは分からない。

ただアイルランドが、ヨーロッパでもっともケルト文化の名残をとどめている場所の一つでありながら、敬虔《けいけん》なカトリックが多かったり、石器時代の遺跡もある緑豊かな、寒くても比較的穏やかな風土でありながら、常にイギリスと緊張関係にあったり、ダブリンが世界でも有数のハイテク金融都市だったりと、田舎なのに最先端な、なんとなくコンプレックス（複合的）なところが、ロックを生み出すのに適しているのかもしれない。
しかも港町であるダブリンの海の対岸にはビートルズの出身地であるリバプールがある。つまりダブリンには、憧れを抱いて、小さな島から出て行って世界的な存在になったミュージシャンが多くいて、それが一つの文化的伝統になっていることも、もしかしたら大きいかもしれない。
強さは時に脆《もろ》さと裏腹。信念や愛もまたしばしば挫《ざ》折《せつ》と裏腹《うらはら》。繊細すぎるほどの感性の持ち主、矛盾溢れる都市文化の最先端に風穴を開けようとする緊張感がもたらすナーバスさで、多くのトラブルを引き起こしてきた彼女が、生まれたばかりの命を見つめる眼差しが切なく美しく、そして深い。

涙が流れて止まらなかった。
幸せの涙が……
お医者さんが、男の子ですよと
そう言ってくれた日。

幸せの涙が、流れ流れて止まらなかった。
同時に
なにも楽しめなかった過去のことが頭をよぎった。

どんなに幼くても、子どもには子どもの心がある。それはたとえ、生まれたばかりの赤ん坊だって同じだと彼女は歌う。それはきっと、子どものころの、何も楽しめなかった過去を持つシニードの、心の底から滲《にじ》み出る、見えない涙のような叫び。

この子が知りたいのは
希望に溢れた明日に
どうしたら出会えるかということだけ。
周りは絶望でいっぱいだけど
この子が求めているのは憐れみや同情なんかじゃない。
この子がなにより言いたいのは
私を大切にしてということ。

スコーン
あなたは無垢なだけじゃない。
そうじゃなくて
全身で自分自身を愛そうとしている。
スコーン
あなたは無垢なだけじゃない。
それだけじゃない。
絶対に、それだけじゃない。

彼女がこの歌を歌った二年前の一九九二年、ボブ・ディランのレコードデビュー三十周年を記念するコンサートが、NYのマジソン・スクエア・ガーデンで行なわれた。

ルー・リード、ロン・ウッド、ニール・ヤング、ロジャー・マッギン、トム・ペティ、ジョニー・ウインター、エリック・クラプトン、ジョージ・ハリスン、ザ・バンドなど、実に多くの、ロックを担ってきたミュージシャンたちが参加し、それは世界中に放映された。シニード・オコナーも、そこでみんなと同じようにディランのために、ディランの『I Belive in You』を歌うことになっていた。

しかし、その直前、アメリカのテレビのライブ番組のなかで、幼児虐待撲滅《ぼくめつ》に対するバチカンのローマ・カトリック教会とローマ法王の姿勢に強く抗議したため、全米から批判を浴び、このコンサートでも、スキンヘッドの彼女がステージに登場した時、会場は騒然となって、演奏が始められなくなった。

背骨を真っ直ぐに伸ばし、直立不動の姿勢で、ブーイングが続く会場を、しばらく見つめていた彼女は、演奏を始めようとしたバックバンドを制し、毅然《きぜん》とした表情で、真っ直ぐ前を向き、たった一人でアカペラで会場を睨《にら》みつけながら、ボブ・マーリィの『War』を歌った。

「あらゆる人種差別、階級差別、幼児虐待。基本的人権を侵害するあらゆる差別や暴力が根絶されるまで、世界はどこだって戦争状態にあるんだ。それらが撲滅されるまで、私は戦う」

その姿は、これぞ闘いの女神ニケと感じたほどに美しかったが、しかし歌い終わった彼女を舞台から、クリス・クリストファーソンが抱き抱えるようにして降ろした時、彼女は泣き崩れ、もはや立っていることさえできなかった。

そのあとコンサートは、なにもなかったかのように再び続けられ、最後には『天国への扉』が、ディランを含めた全員で歌われたが、そのあとディランは、一人で（おそらくは彼女のために）『北国の少女』を歌った。


ディランのデビュー三十周年を祝うコンサートで起きたこの事件は、私を暗澹《あんたん》たる気持にさせた。ディランのファンであるならば、かってフォークフェスティバルにディランがエレキギターを持って登場した時、ブーイングで歌えなかったことを知らないはずがない。

不思議なことに、かつて生ギターのフォークソング派と、ロックバンド派はなぜか犬猿の仲にあり、ディランがザ・バンドと共にイギリスで公演した時にも、同じようにエレキバンドスタイルを嫌悪する連中からブーイングが起きた。

会場からは、裏切り者《ユダ》、という叫び声まで投げかけられたが、その直後、ディランとザ・バンドは爆音で、ざわめく会場を圧倒する鬼気迫る演奏、ロック史上最高の演奏として語り継がれることになる『ライク・ア・ローリングストーン』を演奏した。

知識としては、そんなことくらい百も承知のはずのディランのファンが、権威や常識や差別と果敢に闘おうとしている彼女に、ブーイングの嵐を浴びせるとは。これはディランのデビュー三十周年記念コンサートではなかったのか？

あれから三十年、私たちはディランと共に、ロックと共に生きてきたのではなかったか。権力や戦争や暴力や虐待や差別や既成概念を嫌悪し、それらと闘ってきたのではなかったか。そうではないことを歌にしてきたのではなかったか。ましてやアメリカは、そのムーヴメントをリードする一翼を担ってきたはずではなかったのか？

私は背筋に悪寒《おかん》を覚え、行き場のない怒りを抑えることができなかった。「人生で最も大切なのは愛することと闘うこと」と言ったセナの言葉も脳裏をかすめた。彼は死の直前、レースを面白くするために安全性を犠牲にするF1の主催者たちに強く抗議していた。

それにしても、ロックの三十年は、一体全体なんだったのだろう。こんな客をつくるためにロックがあったのではなかったはずなのに。ディランが歌い続けてきたことは、なにものにも囚《とら》われずに、自分の胸に手を当てて自分の頭で考え、自分にできることをやれということではなかったか？

しかし私がそこに見たのは、バチカンという既存の権威をあたりまえのように擁護《ようご》し、何も考えずに自らの価値観をそれに重ね合わせ、あるいは是認《ぜにん》し、それに異議を唱える者を排除しようとする、愚かで醜い保守主義者、というより、何も考えずに大樹の下で暮らし、必死で芽を出し花を咲かせようとする、ちょっとトゲのある一輪の雑草を、ほとんど無意識のうちに踏みにじる愚衆《ぐしゅう》の姿だった。

いつのまにか、なんだか取り返しのつかないことが、この世の中で、現に起きてしまっていると、思わざるを得なかった。

第十フェーズ

夜がまだ若かった頃

1997〜2016

1997

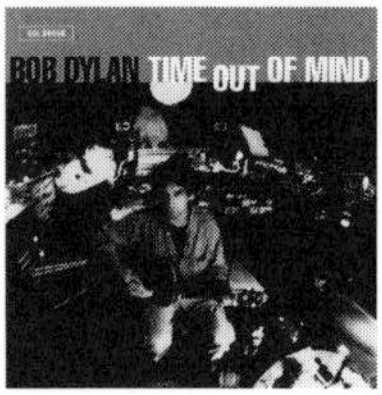

メイク・ユー・フィール・マイ・ラヴ
ボブ・ディラン

『メイク・ユー・フィール・マイ・ラヴ（Make you feel my love）』は、『Under the Red Sky』のあと、もう新しい歌はつくらないと発言し、実際、オリジナルソングアルバムを一切つくらなかったディランが七年ぶりにつくった『Time Out of Mind』のなかの、ディランでなければつくれないような珠玉の愛歌。プロデュースも久しぶりのダニエル・ラノア。

この年、地球温暖化防止会議が行われ『京都議定書』が採択された。ダイアナ妃が事故死し、エジプトの観光地ルクソールでイスラム過激派が無差別殺人事件を起こした。

また一時アップルから追放されていたスティーブジョブスが前年に復帰し、九八年には、大ヒット作ｉＭａｃを発売して、その後の快進撃を牽引《けんいん》した。

日本では山一証券が廃業に追い込まれ、神戸で中学生による連続児童殺人事件が起き、その前年、イギリスで狂牛病が発生し、クローン羊がつくられた。

二千年を目前にした九八年には、長野オリンピックが開催され、九九年には、ユーロが欧州連合の共通通貨となる一方で、ＮＡＴＯ軍がユーゴスラビアを爆撃。ロシアではエリツィンが辞任しプーチンが実権を掌握《しょうあく》した。

君の顔に雨が吹きつけるように降ったら
世界のすべてが君の身に振りかかってきたら
君を抱きしめて暖めてあげよう。
私の愛を
君が感じられるように。

夜になって星が見えても
そこに君の涙を拭いてくれる人が
一人もいなかったら
君を百万年でも
抱きしめてあげよう。
私の愛を
君が感じられるように。

　この歌は、ディランの数あるラブソングのなかでも最も美しい歌の一つ。アルバムも、実に渋味のあるディランらしい歌が満載で、ディランだからそれほど驚かないかもしれないが、もしこれが新人のデビュー作だったりしたら、世界はその才能に驚愕《きょうがく》したにちがいない。
　しかもこの年、ディランは急病を患い、ディラン危《き》篤《とく》という新聞記事まで出たが、復活してみれば相変わらずの元気ぶりで、このアルバムはそんな時につくられた。

君がまだ自分で
自分の気持ちをちゃんとできないのは
分かっている。
でもだからといって君が悪いわけじゃない。
君に会ったその瞬間から
私の中でこれだけはハッキリしている。
君がどこにいたとしても
食べられない時があったとしても
真っ暗な気分になって落ち込むときがあったとしても
私にできないことなんてなにもない。
君に私の愛を感じてもらうためなら。

荒れ狂う海のうえで
ひどい嵐に襲われても。
取り返しのつかないような
事態に陥ってしまったとしても。

気まぐれな風はいつだって風向きを変え
好き勝手に吹き荒れたりもするけど
でもきっと
君にとって私のような人はいないはず。
君を幸せにできたらと思っている。
君の夢をかなえてあげられたらと思っている。
そのためなら私にできないことなんてなにもない。
君のためなら地の果てまでだっていける。
君に私の愛を感じてもらうためなら。

それにしてもこの歌は、ディランでなければつくれないし歌えない。もちろん、ゆったりと美しく流れるこの歌に合わせて、Make you feel my loveという歌詞を一緒に口ずさむのは気持ちが良く、もしライブでディランが歌ったら、誰もが一緒に歌うだろう。

しかし、まるで昔から知っていたかのように感じるこの歌は、実は新しくつくられた歌なのだと思う時、そして時代が、抜け道の見えない、八方塞《はっぽうふさ》がりの状態になっていると感じる時、もしかしたらこれは、単に愛する恋人への強い愛を歌ったものではなく、確かに感じられる愛などどこにもないような、過酷《かこく》な時代を生きる私たちへの愛、ディランならではの贈りものなのかもしれないと、ふと思う。

九〇年代に入ってからディランは、『ネヴァー・エンディング・ツアー』と呼ばれるコンサートツアーで世界中を回り、毎日のようにステージに立って歌うようになっていた。

観客には、私（たち）のようなロック世代もいるにはいたが、多くはすでに、彼がデビューした頃に生まれたか、それ以降の若い世代になっていて、ディランが、転がるようにして前に進んだ時を共に生きた同世代に向かってだけではなく、若い人たちをやさしく見つめて歌いはじめたように感じられた。

2000

ビューティフル・デイ
U2

U2が、キリストの誕生を起点とする西暦二千年、百年を一世紀とし、千年を千年紀《ミレニアム》とする暦が三千年紀に突入する年に、アルバム『**All That You Can't Leave Behind**（置き去りにできないすべてのこと）』を、ブライアン・イーノとダニエル・ラノアのプロデュースで発表した。『ビューティフル・デイ（Beautiful day）』はそのなかの、世界で最も大きな影響力を持ったバンドならではの愛歌。

この年、中東和平交渉が決裂し、科学技術の進化の象徴のひとつでもあった超音速旅客機コンコルドが墜落し、ロシアの原子力潜水艦が沈没するなどの事故が起き、NYでは株が最高値を更新した、

美しい日だ。
抜けるような青空だ。
気分だっていい。
美しい日だ。
だったら、なんとかしなくちゃ。

人生がどうのこうのと言ったって
まだ途中じゃないか。
とはいえ
どこに向かったらいいかも分からない。
もしかしたら
泥沼の中にいるのかもしれない。
イマジネーションの迷宮の中に……

この街が好きだったはずだよね。

でも、ここじゃ
ほんとうのことなんてなにも分からない。
もう終わっちゃったのかなあ。
なんにもしないうちに。
なにもかも……

U2の歌詞の特徴は、彼らのバンド名と同じように、意味を過度に説明しないことだ。それでも彼らの歌は、力強いサウンドと、親しみがあるけれども強い説得力のあるボノのボーカルと一体となって、歌を生み出す心そのものを伝える。

大きくなりすぎた都市のなかで、寂《さび》れすぎた街の中で、複雑になりすぎてしまった社会のなかで、誰もが妙に孤独ななかで、言葉ですべてを説明することなどできない。

それよりむしろ、同じ時代を生きる君たちなら、僕らの歌を好いてくれる君たちなら、キーワードと、その言葉が漂う空気感と、この歌をつくった自分たちの意思を宿したサウンドがあれば十分。

細かな事なんか説明しなくても、感じ取れるものがあるはず。そのほうが君も歌を君自身のものにできるし、歌の世界も広がるよね、と言っているかのようなU2の歌。

近くに寄ってくれ。
俺と触れ合ってくれ。
ここじゃない場所に連れだしてくれ。
教えてくれ。
希望がないのは俺だけじゃないよね。

見ろよ
木々の緑と青い海につつまれたこの世界を。
見ろよ、真っ正面から中国を。
見ろよ、汚れてしまった渓谷《けいこく》を。
見ろよ、海を泳ぎ渡っていくマグロの群れを。
見ろよ、夜の砂漠のベドウインの火を。

見ろよ、夜明けの油田を。
見ろよ、小枝をくわえた鳥を。
ノアの洪水の後、すべてが失われた大地から
オリーブの小枝をくわえて戻ってきた
あの鳩のような鳥を。
大地が色を取り戻すのは
大洪水が過ぎ去った
そのあと。

美しい日だったね。
だからなんとかしなくちゃ。
美しい日を。

　この歌もそうだ。もうカウンターカルチャーの時代じゃない。ロックムーヴメントもない。けれど、新しいミレニアムに入る今、不満や泣き言ばかり言ってたってしようがない。そんなことより、一人ひとりが、空やまわりをちゃんと見て、遠くにあるもの、過去にあったもの、未来にあるかもしれないもの、美しいものや確かだと思えるもの、そんな、なんやかんやをみんな見て、そこから何かをはじめようよと、ボノが全身で呼びかけているように感じる。

持っていないってことは
今それを必要としていないってこと。
なぜか心に触れること以外は
知らなくていいってこと。
持っていないってことは
今それを必要としていないってこと。
いま要らないってこと……

美しい日だ。

　物が溢れる時代のなかで、情報が溢れる世の中で、なぜか希望だけがない。でも、なんだか今日は、美しい日だった。考えてみたら、何億人もの中国人も、砂

漠で野営をするベドウインも、海のマグロも、そして自分も、みんな地球の上で生きている。この青い空の下で、星が瞬く夜空の下で、地球を感じながら生きている。

もしかしたら、それ自体が一つの奇蹟なのかもしれない。ノアの洪水のあと、大地が色を取り戻したことも……

だから、美しい地球がありさえすれば、触れあってくれる君がいさえすれば、どうしても必要なものなんて、きっと、そんなにはない。どうしても知らなくてはいけないことなんてそんなにはない。今日のように美しい日が、またやって来るのなら。

2001

アメリカン・トライアングル
エルトン・ジョン

『アメリカン・トライアングル（American Triangle）』は、乗っ取ったジェット機で超高層ビルに突っ込み、グローバル金融資本主義の象徴でもあったNYの二棟の世界貿易センタービルを崩壊させるという、いわゆる9・11の惨事が起きた年のエルトン・ジョンの、かつてなくシリアスなアルバム『Songs from the West Coast』のなかの、人類の行方を危惧《きぐ》する愛歌。

この年、一月にジョージ・ブッシュがアメリカ合衆国大統領に就任したが、9・11が起きたときに、世界最強の軍事産業大国である合衆国の最高司令官が、軍事産業と深い関わりを持つブッシュであったことは、その後の世界にとって極めて不幸だった。
　彼は愚かにも、あるいは待ってましたとばかりに、直ちにテロとの戦争を宣言したが、それは、その瞬間から、世界中を戦場にしてしまうことを意味した。

西の空たちよ。
これが正しいなんて言わないでくれ。
勇敢な祖国なんて言葉に
どんな意味もありはしない。
鉄条網に絡《から》まって死んだ痩《や》せこけた人を見た。
高く張りめぐらされた鉄条網にからまって
息絶えた人を。
冷たい風が、冷たい風が
冷たく冷たい風がワイオミングの空に吹く。

二頭のコヨーテが
一頭の鹿を追いつめている。
憎むべきは私たちが
なにも理解していなかったということだ。
もし、自分は先駆者だというのなら
自分の息子を送りだせばいい。
しかし、その子たちの手を染める血は
その子たちが流す血は
お前の血だ。

　20世紀は、人類の歴史のなかで最も、人と人とが殺し合う戦争によって多くの人間の命が失われた世紀だった。新たな千年紀の21世紀に入り、この世紀にこそ、戦争のない世界をと願った人々の願いも空しく、21世紀に入るやいなや、世界は先の見えない無差別戦争に突入してしまった。アメリカはまるで、あらかじめ準備していたかのように、ほとんど武力を持たない丸腰状態のアフガニスタンを総攻撃した。
　戦争は、どんな戦争も愚劣だけれども、これほどまでに愚かな戦争は、人類史にかつてなかった。そこには、明確な敵の姿も勝利も降伏もない。戦争を終結させる条約を結ぶ相手すらいない。こうして軍事産業を儲けさせるだけの、横暴で独善的で無謀で消耗な、非人間的な暗黒の社会へと向かう非道な戦争が始まり、イラクへと戦争は拡大していった。

憎しみは憎しみを呼び、戦争に至った経緯や、背後で暗躍するすべてを覆い隠しながら、やがてそれは世界に広がり、ＩＳのような、惨劇生産工場のような武装集団をつくり出していく。

このアルバムは9・11の直後にリリースされたが、それはつまり、ラブソングメーカーのエルトン・ジョンがバーニー・トーピンと共に、地球上に蔓延《まんえん》する不穏な空気を感じ取り、このような歌をすでにつくっていたことを意味する。

どこかへと向かって
どこまでも続く道。
先にあるのは無知、あるいは幼稚。
異る風に翻弄《ほんろう》される三つの命。
二つの命は破滅へ。
残りの一つは衰弱へと向かう。

この預言者のようなフレーズは、実に的確に、拝金金融資本主義が猛威をふるいはじめ、絶望的な貧富の差が、弱者を追いつめていく、9・11を起こさせるに至った人間社会、そしてその後の社会が直面せざるを得ない事態を言い表している。

つまり人類は、すでに人類史的な危機的状況に直面していたし、もしこの状況が続くならば、さらに悲惨な事態に、否応《いやおう》なく遭遇《そうぐう》するだろうということを、この歌は示した。

2004

俺が視たもの

ジョン・フルシアンテ

『俺が視たもの（What I Saw）』は、破滅的なほどの繊細さで、自分自身の身体を消耗《しょうもう》させてしまいながら、その泥沼からはい上がってレッド・ホット・チリ・ペッパーズに復帰した後、一年間で六枚のソロ・アルバムをつくるという、凄まじい表現活動を展開したジョン・フルシアンテの『Inside of Emptiness』の中の限界愛歌。

この年、スペインで列車爆破事件が起きるなど、9・11と、それを巡る戦いが世界中に拡散し、日本もイラクに自衛隊を派遣した。

スマトラ沖で、M・9・3の地震が起き、二〇万人以上もの人が死亡した。翌年には中国で大規模な反日デモが行われる一方、浙江省《せっこうしょう》で三万人もの農民が暴動を起こした。

翌年、ブッシュ大統領が二期目に入り、ロンドンやバリ島で爆破事件が起き、ハリケーン『カトリーナ』がニューオーリンズなどに大被害をもたらした。

ここにある一つの部屋。
一つの光。
一つの夜。
炎、苦痛、金網。
みんな俺からでた一つの嘘。
けど
だから悪いってわけじゃない。
時間を遡《さかのぼ》ることなどできない。
そんなこと、できやしない。

そんなこと、俺には分からない。
ただ、どうすれば良くなるかは分かってる。

今晩の俺は最低。
地獄に自分を売りさばきに行く。
もう一度、堕ちていく。
上等じゃねえか。
それで今日をお終いにできるなら。
こんな夜が続くよりずっとましだぜ。

ジョン・フルシアンテが、レッド・ホット・チリ・ペッパーズに復帰して一九九九年に創ったアルバム『Californication（カリフォルニア化戦略）』は素晴らしい出来だった。標題曲も、シリコンバレーとハリウッドを有する、西欧文明の最先端戦略拠点ともいうべきカリフォルニアに対するアイロニー満載だった。

自分自身がアメリカのカリフォルニア出身でありながら、その足元をクールに見つめる知性と、いま世界で起きていることのなかにあるネガティブな因子《いんし》を、過剰なまでに感じ取る感受性と、それを表現する天性の感覚がジョン・フルシアンテにはある。そうでなければ、このような歌はつくれない。

このラブソング
しょうもねえ歌だぜ。
嘘っぱちだぜ。
時代は悪くなってなんぼだってか？
今晩ずっと、俺は気分がいい。
ものすごく遠いところにいるような気がする。
それってほんとだぜ。
そう俺が感じるんだからさ。
毎日そうだったらいいけどな。

俺が見たのは
俺が見たものだけ。
誰かに電話をしたとして

そいつと離れてるってのは、いいよな。
俺がそいつに実際に手を差し出したりしたら
そいつ、何もできなくなっちゃうじゃねえか。

ただ、止まるってことだけは
絶対にやっちゃいけないと思う。
そんなことしたら俺の心がなくなってしまう。
ひざまづいて無理やり許しを乞えってか?
俺は今夜
自分が全くしょうもない奴だってことは知ってる。
けど
差し伸べてくれお前の手を。
差し伸べてくれお前の手を。
そしたら俺たちは絶対に死なない。
絶対に俺たちは死なない。

　本人が歌詞のなかで言うように、見かけはどうであれ、これは一つのラブソングなのだ。しかも荒々しくて、細かなことなど意に介していないような、それでいて繊細極まりない、というより、そんなことよりもっと大切なことがあるだろうが、とでも言いたげな、ガレージロック的なサウンドが、実に歌の内容と合っている。

　つまりこれは、どん底状態で生きている、どうしようもない自分と、それでもなんとか生きていこうとする、もう一人の自分や誰かへの愛歌。人は誰も、一人では生きていけない。問題は、これほどの繊細な感性と創造性を持つ人間が、どうして心身を破壊させたり、こんな歌をつくらずにはいられないのかということだ。

2008

ビバ・ラ・ビダ（人生万歳）
コールド・プレイ

『ビバ・ラ・ビダ（Viva La Vida人生万歳）』は、二〇〇〇年に『Parachutes』でデビューし、一瞬にして世界的なバンドとなったコールド・プレイの『Viva La Vida』のなかの新時代愛歌。ジャケットにドラクロアの『民衆を率いる自由の女神』が使われていて、新たな時代の新たな革命が必要と、彼らが感じているのが分かる。

この年、合衆国の大手投資銀行リーマン・ブラザーズの経営が破綻し、いわゆるリーマンショックが世界中を襲うなか、翌年、バラク・オバマが黒人初の第四十四代アメリカ合衆国大統領に就任した。

アメリカ最大の自動車会社ジェネラルモーターズが経営破綻し、ＷＨＯが新型インフルエンザのパンデミック（世界的大流行）を警告した。またマイケル・ジャクソンが急死し、中国では新疆《しんきょう》ウイグル地区で暴動が起きて騒乱状態となった。

かつて私は世界を支配していた。
海もまた私の言葉一つで割れた。

今朝、孤独な眠りから醒《さ》めた私は
もともと私のものだった道を掃《は》く。
次から次へと。

かつて私は人の運命をもてあそんでいた。
相手の眼に浮かぶ脅えを見逃しはしなかった。
いま耳を澄ませば
群衆の歌が聞こえる。

老国王が死んだ。
新王万歳！

鍵を手にしたその瞬間に
私の目の前で壁という壁が私の行方を塞《ふさ》いだ。
その時、私は知ったのだ。
私の城が砂と塩の柱で建てられていたことを。

　西欧では神と王が、社会を支配する権威と権力の象徴だったし、今でもそうだ。一見難解な歌詞だが、ヨーロッパ人が聞けば、どのフレーズからも容易に、聖書などのシーンを連想することができる。微妙に表現を曖昧《あいまい》にしてはいるが、海を割ったのはモーゼだし、フランス革命で国王が人民によって処刑されたことは常識。

　ほかにも、塩と砂の柱といった言葉は、旧約聖書のソドムとゴモラを連想させる。

　ただ、ここにでてくる神や王は極めて頼りない。つまりこの歌の中でコールド・プレイは、神や王という、長い間ヨーロッパを支配してきた絶対的な存在が、実は不確実で曖昧でいい加減なものだった、というニュアンスを漂わせている。

うまく説明できないが
何らかの理由があるにはちがいない。
そこに行った途端
想い通りに言葉が出てこなかった。
全く出てこなかった。
それは私が世界を支配していた時のことだった。

　ここでは、かつて「光よあれ」という言葉で世界を創り出したといわれてきた神、言葉で善悪を説き、人を裁いてきたはずの神が、失語症になってしまったかのように描かれている。どうしてそうなったかの理由さえ、神はわからない。

　これは実はかなりきわどい、西欧ではとても勇気のいる表現。神や王が世界を支配するような時代は終わった、というより、とっくの昔から、神や王なんて、その程度の存在だったと暗に言っているように見える。

革命家たちが待っている。
銀のお皿に私の首を載せて。
まるで頼りない糸に操られる
操り人形のようだ。
どんな王だって
なりたくて王になったわけじゃない。

　それと同時にコールド・プレイは、革命家たちのことを、操り人形のようだとも言う。銀の皿に首を載《の》せられるのは、聖書の中の洗礼者ヨハネ。だとしたら、革命家たちは、聖者の首を王と間違えて切ってしまったことになる。ただ、この王は、べつになりたくて王になったわけじゃないとさえ言う。要するに、聖者であれ王であれ革命家であれ、みんな操り人形。

　コールド・プレイが過去と今と時代の先を見据えて、もはや王や神や独善的指導者が民《たみ》を率いる時代ではなく、なにかもっと確かで人間的な、誰もが人生を謳歌《おうか》（ビバ・ラ・ビダ）できるような、王に対してではなく、自らの人生に対して万歳と言える、新たな時代の、新たなありようがあるはずだと言っているように聞こえる。

　アルバムに使われている絵は、ドラクロアの描いた『民衆を導く自由の女神』だが、フランス革命の時、さまざまな混乱があったにせよ、その時、とにもかくにも民衆は、自由、平等、友愛の旗を掲げ、一人ひとりの人間の基本的人権を謳《うた》った人権宣言もし、それまでの絶対王制を倒して、投票によって自らが自らの指導者を選び、つまり国民が主権者となるという、歴史的大転換を成し遂げた。

　しかし近代という時代を牽引した民主主義という旗は、やがてもう一つの旗である、資本と生産力を競い合う、産業化社会を求める旗の勢いの陰で、いつのまにか精彩を欠いて、ボロボロになってしまった。その旗を別のやり方で、もう一度掲げようという想いが、『Viva La Vida』には、込められているように思う。

2010

もっと愛を、もっと愛を、もっと

音羽信

一九七五年に私が自主制作したアルバム『わすれがたみ』が、なぜか、二〇〇七年になって、レコード会社からCDで再発された。当時のLPレコードが、アシッドフォークというジャンルの、激レア・コレクターズアイテムとして評判になり、高値で取引されているので、ぜひCDにしたいとのことだった。

それを機に、ほぼ同じ時期だけれども、『わすれがたみ』におさめられた歌の後につくられながら、私がスペインに行ってしまったために、かたちを持つことなく、そのまま眠り続けていた歌たちを、レコーディングしましょうということになった。

そこで、『わすれがたみ』で協力してくれた、かつての『久保田麻琴と夕焼け楽団』のメンバーや、ドラマーの伊藤大地くんやセオやテツヤなどの若い人たちの協力も得て、つくられたまま宙空を彷徨《さまよ》っていた歌たちが、CDのなかで、かたちを得ることになった。『もっと愛を、もっと愛を、もっと』は、そんなアルバム『OTOWASHIN 2』の中の愛歌。

この年ドバイで世界一の超高層ビル、ブルジュ・ハリファが竣工し、ハイチでは地震により三〇万人以上が死亡した。

もっと愛を、もっと愛を
もっと愛を、もっと。
街の中にビルが溢れ
消える空がひとつ。

ビルの中に人が溢れ
消える季節ひとつ。
もっと愛を、もっと愛を
もっと愛を、もっと。
河を上る魚たちの群《むれ》。
北を目指す鳥たちの群。

六〇年代の終わりから七〇年代のはじめ、私はギターで自分で歌をつくり、横浜で歌ったりもしていた。しかし、ふと思い立ってバルセロナに行き、そこからイビサ島に渡ったままになって、長い間スペインで暮らした。

その頃、バルセロナの骨董店のウインドーで目にした、ギュスターヴ・ドレという、19世紀のフランスの画家の、一枚の版画に妙に心を惹《ひ》かれ、彼の作品を折りに触れて集めるようにもなっていた。

もともと本が好きだった私の中で、その画家の本をつくりたいという思いがうまれ、またイビサで知り合って親しくしていたビートニック画家の、エステバン・サンツのことなども本にしようと思い立って、日本に一時帰国した。幸いドレの本はつくることができ、私は再びイビサ島に戻った。

この歌は、そうしてしばらく日本にいた時、なんだか日本が、時の流れに取り残されて、というより、時計の針を逆回転させた場所にいるような、居心地の悪さや違和感を感じてつくった歌。

街の中に人が溢れ
消える大地ひとつ。
人の中に過去が溢れ
消える明日ひとつ。
もっと愛を、もっと愛を
もっと愛を、もっと。

海を翔《か》ける飛び魚の群。
空をうずめる夜鷹の星。
白いカモメの胸のまぶしさ。
一つの赤い花の熱さ。
もっと愛を、もっと愛を
もっと愛を、もっと。

二枚目のアルバムの歌のほとんどは、七〇～七五年頃につくった歌で、もともと『わすれがたみ』のあとに録音するつもりだったにもかかわらず、私の記憶とメモの中に埋もれたままになっていた。

なお、歌詞の中の夜鷹《よたか》の星というフレーズは、宮澤賢治の美しい短篇、容姿が醜いために鳥の仲間たちから嫌われ、鷹からは、そんな姿で鷹を名乗るなといじめられ、多くの虫の命を食べて生きる自分のことも嫌になり、太陽に向かって、焼けて死んでもいいですからあなたのもとへ逝《い》かせて下さいと頼むがそれもかなわず、夜の闇の中、懸命に上を目がけて飛び続けて星になる夜鷹のことが頭のどこかにあって出てきた言葉。

夜がまだ若かった頃
ロビー・ロバートソン

2011

『夜がまだ若かった頃（When the Night was Young）』は、ザ・バンドの一員としてディランと共に時代を切り拓《ひら》いたロビー・ロバートソンのソロアルバム、彼が寒々しい夜空の下に防寒服姿で立ち、『Whole Person（調和のとれた完璧な人）』と題された本を手にしている『How to become Clairvoyant（どうすれば予知能力者になれるのか）』のなかの時代愛歌。

この年、世界各地での自爆などの大量無差別殺人事件は、収まるどころかさらに拡散し、温暖化のせいなのか、世界各地で大水害が発生した。また巨大金融資本があらゆるものをターゲットにしはじめたため、世界の食物価格が高騰《こうとう》した。

携帯電話の利用台数は五〇億を超え、チュニジアやエジプトなど北アフリカで、相次いで民衆が旧権力を崩壊させるが、国家運営を巡る混乱は、それらの国のみならず、EUや合衆国や中国や日本やロシアを含め、世界中で深刻化する。


そんななか、日本を東北地方太平洋沖地震が襲い、それによって福島第一原子力発電所の一～三号機がメルトスルーして水素爆発を起こすという、世界原発史上最悪の事故を起こした。

現場は、国土や人や太平洋を放射能で汚染しながら、いまだ一触即発の危機に直面しつつ、事態を収束させる手立てさえ見いだせない状態にある。

9・11が、拝金金融資本と軍事産業、要するに近代の、人間より産業と金を重視する社会運営の誤りと深く関係していたのと同じように、この原発事故もまた、人の命や自然、それと共に生きる知恵より、産業や中央集権や核兵器製造技術の確保を優先し、そのために科学を過度に信奉し政治的に利用するという、近代の愚かさと政治の誤ちが結果的にもたらしたものだった。

しかも、多くの火山を有し、巨大なプレートがぶつかり合う日本列島に、五十基以上もの原発をつくることと自体が、すでに狂気の沙汰《さた》だと私には思われた。

たそがれ時の光の中を
僕らは真直ぐ南に向かっていた。
ハイウェイ61を
デルタの暗がりを抜けて……
僕らは、いろんな裏街道も走ってきた。
カードを扱うのが上手いいかさま師や
テント張りの見せ物小屋の宣教師。
それから、流れ者のルークなんかと一緒に……

何をなくしたんだろう？

何を見失ってしまったんだろう?
遠い昔に
何をどこでどう見失ってしまったんだろう?

夜がまだ若かった頃
僕らにはいろんな夢があった。
夜がまだ若かった頃
僕らはみんな夢見人《ゆめみびと》だった。
僕らは世界を変えることができた。
戦争だって止められた。
そんなことは
かつてなかった。
でもそれはもう過去の
夜がまだ若かった頃のこと。

それにしても世界は、私たちの社会は、なんと貧しく困難な場所に入り込んでしまったのだろう。このアルバムのタイトルではないけれど、欠点だらけの私たちが、遠い先まで見通せる人になるには、どうすればいいのだろう。

看板に
神はアメリカを祝福する、と書いてある。
鉄砲と弾薬の絵も……
それがどういう意味なのか僕にはよく分からない。
看板にはこんなことも書いてある。
悔い改めよ、最後の審判の時は近い。
でも僕らにとって
それがはたして必要なことなのかどうか。
僕にはよく分からない。

実は私は、大震災と原発事故の後、この歌を聞いて、この本を書こうと思い始めた。聴いた瞬間からこの歌は、私の心の深いどこかに触れてきたが、毎日のように繰り返し聴くうちに、しだいに、半世紀ものあいだ、常に私の側にあったロックの、愛を歌った歌たちと、もう一度、触れ合ってみたいと思うようになった。
愛は、人が人であるために最も大切な何かだけれど、歌もそうだ。私が敬愛するロック・アーティストたちが、どんな愛歌をつくり、それをどんなふうに歌ってきたのかを改めて感じたいと思うようになった。

まるで水平線から昇る太陽を拝むみたいに
わけの分からないことを
後生大事に胸に抱いて生きて行くような連中もいる。

夜がまだ若かった頃
僕らにはいろんな夢があった。
夜がまだ若かった頃
僕らはみんな夢見人だった。
僕らは世界を変えることができた。
戦争だって止められた。
そんなことは
かつてなかった。

でもそれはもう過去の
夜がまだ若かった頃のこと。

ディランやビートルズやストーンズや、この本に登場した多くのロック・アーティストたちと同じ時代を、共に生きて良かったと、できれば思いたいけれど、しかしこの歌のように、世界が、夜がまだ若かった以前よりもずっと、深い闇の中にあるなかで、そう思えるようになるには、私は何をしたらいいのだろう、何ができるのだろうと、考えざるをえなかった。
私たちはどこから来てどこへ行こうとしているのだろう、というより、私はどこを向いて、歩いていけばいいのだろう?

ちなみにディランは、この次の年、アルバム『テンペスト(Tempest)』を発表した。テンペスト(嵐)という言葉からは、すぐに、シェークスピアの遺作の戯曲が連想される。

物語は簡単にいえば、ミラノ公国の大公の陰謀によって失脚させられ、孤島暮らしを余儀なくされていた元大公が、積年の恨みをはらすために仕掛けた呪いで大公の船が難破させられ、一緒に乗っていて島に流れ着いた王子が、魔法によって元大公の娘に惚れ、仕返しのための策略からはじまったとはいえ、その若い二人の恋が最後には、両者の和解につながっていくという物語。

ディランはそのテンペストという言葉をモチーフにして、ちょうど百年前の1912年の夜、船の進む先を見守る役割を持つ見張人が居眠りしていたために、氷山に激突して沈没したといわれている豪華客船タイタニック号の、衝突時の船内の人間模様を描いた『テンペスト』という歌をつくった。

歳を重ねたディランの渋い声によって歌われる歌はなんと、45番まであり、ストーリィテリングの名手であるディランによって、一人ひとり異なる想いを持つ六千人もの乗客が、善人も悪人も、金持ちも貧乏人

も愛しあう人々もみんな、冷たい夜の海の底に沈んでいくようすが淡々と歌われる。歌のなかでは何度も、眠りこけて夢の中にいる見張り人（Watch Man）のことが歌われる。

それはディランの、まるで預言のような黙示的な鎮魂歌。そしてこの歌物語に、テンペストという題名を付けたところに、ディランのわずかな希望が託されていると感じる。

つまり、もし見張人がちゃんと目を開いて前方を見ていさえすれば、そして前方に巨大な氷山があることに気付いて船が進路を変えていさえすれば、この悲劇は避けられたはずなのだから。乗船していて海の底に沈んだ人たちにはみな船旅の先に、それぞれの未来が広がっていたはずなのだからと思う。そして、たとえ悲劇があったとしても、恨みによっては何も解決しないのだから、とも思う。

2016

君の心のなかの自由
サンタナ

60年代に、『ブラック・マジック・ウーマン（Black Magic Woman）』で華々しく登場し、ロックムーヴメントのなかで、サンタナにしか歩めない道を、常に歩み続けてきたサンタナ。

デビューして立て続けに三枚のアルバムをつくった後、『キャラバンサライ（Caravanserai）』で方向転換し、若い才能や、さまざまなジャンルのミュージシャンたちともコラボレーションをして常に私たちを楽しませ続けてくれたサンタナが、ここにきてスタート当時のオリジナルメンバーを集めてアルバムをつくった。

その名も『SANTANA IV』。それは明らかにサンタナの原点回帰の宣言だった。アルバムには、デビュー当時、まだ少年のように若々しくて、半眼で懸命にドラムを叩き続けて私たちを魅了したマイケル・シェリーヴの名前があり、１９７０年代の大ヒット曲『ブラックマジック・ウーマン』を歌ったグレッグ・ローリイが、ここでも突き抜けるようなエキサイティングなヴォーカルを披露していた。

『君の心のなかの自由（Freedom in Your Mind）』は、そんなサンタナサウンドが満開のアルバムのなかの人間愛歌。そこには実にサンタナらしい、目の覚めるようなメッセージがあった。

人生を楽しむんだ。
自分が好きなことをやるんだ。
それはどこにいたってできること。
世界はおれたちの家。
おれたちはファミリーなんだ。
君の心のなかの自由。

ちゃんと見つめさえすれば
誰にだってそれがあることがわかる
人生は惨めなものなんかじゃない。
おれたちは世界を変え
世界に平和をもたらすことができる。
子どもたちは、どこの子だって
自由でなくちゃいけない。
女たちは安全を手にしなきゃ。
男たちは調和のために話し合わなくちゃ。
君の心のなかの自由。
ちゃんと見つめさえすれば
誰にだってそれがあることがわかる。

　たった六十人の金持ちが、世界中の富の半分を抱え込むような時代。大国の身勝手な不始末のせいで、中東やアフリカで絶えず戦争が行われ、イスラム国が残虐の限りを尽くし、それを撃退するためと称して無差別爆撃がくりかえされ、難民が溢れ、無差別殺人事件が世界中で起きるなかで、サンタナは、こんな時代だからこそ、一人ひとりが、人として本当に何が大切かを、もっとシンプルに考えようよ、ちゃんと見ようよという歌をつくった。

　頭ばっかり使っていないで、政治屋どもの嘘や詭弁《きべん》に騙されないで、経済がどうのこうのと、専門家とやらがのたまう、金持ちのためだけの屁理屈《へりくつ》なんかに惑わされたりしないで、自分は本当は何が好きかを、人間にとって大切なことって本当はなんなのかを、胸に手を当てて考えようよ。だって俺たちは、地球という家に住むファミリーじゃないかと、サンタナバンドは力強く歌ってみせた。

人生は惨めなものなんかじゃない。
おれたちは世界を変え
世界に平和をもたらすことができる。
逃げちゃいけないんだ俺達は。

の歌を聴いていると、次第にそんな気持になってくる。
ここにいなくちゃいけないいんだ。
そして毎日を
お祭りにするんだ。

考えてみればそれは、21世紀のはじめにU2が歌ったこととも通じる、今だからこそ私たちが人として見つめなくてはいけない私たちの足元、というよりなにより、それはロックが最初から歌い続けてきた、無数の愛歌の根底に流れるスピリッツだった。

確かに、どこにも逃げずに自分が心から好きだと思えることを、それぞれの場所でやり続けることの向こうにしか、私たちの明日も喜びもない。逆にいえば、私たちの社会がすでに、行き詰まってしまっている以上、ロビー・ロバートソンが言うように、世界やわたしたちがどこで何をどう間違ったのかを考え、そしてサンタナのように、人間の喜びとはなんなのかという基本を見つめながら、私たちはどうやら、すべてをリセットして、ゼロから再び歩きはじめるしかない。こ

2016

ユウ・ウォンツ・イッツ・ダーカー

レナード・コーエン

２０１６年、安倍政権が、憲法を無視して戦闘が激化するいっぽうの南スーダンに自衛隊を武装させて派遣し、ドナルド・トランプが、アメリカの大統領選に勝ったこの年、死を間近にしたレナード・コーエンが、実に彼らしいアルバムを出した。『You Want it Darker（もっと暗くなればいいと思っているんだねあなたは）』は、そのなかのタイトル曲。

　シンプルだけれどもスリリングなベースの音を背景にして、まるで辞世の詩を静かに朗読するかのような、レナード・コーエンが、詩人としての自分と現在を、もういちど見つめ直すかのような、あるいは夕陽が水平線に姿を隠す直前に光を放ち、やがてゆっくりと空を紅く染めていくかのような、ダンディな、この世との別れを告げる愛歌。

あなたの役目がもし
カードを配ることだとしたら
私はもうゲームを降りている。
もし人を癒《いや》すことだとしたら
私はもうボロボロでどうしようもない。
もしもあなたが栄光と共にあるとしたら
私にあるのは恥ずかしさ。

もっと暗くなればいいと思っているんだねあなたは。
いっしょに命の炎を消そうってことだね。

神の名において誉《ほ》め称《たた》えられたり清められたり
人間社会のなかでけなされたりいじめられたり。
百万本ものロウソクの、命の炎が

決してやってこない救いを求めて燃えている。

この年、多くのロック・スターたちが夜空に還《かえ》った。

一月には、宇宙から降りてきてベルリンの壁の前で「誰でも一日だけならヒーローになれる」と歌ったデヴィッド・ボウイが最後に『ブラックスター』という、すさまじいアルバムを遺し、そのなかの「私は天国にいる」という言葉と共に、私たちを見守るために天に昇った。続いてイーグルスのグレン・フライ、ジェファーソン・エアプレインのポール・カントナー。

三月には、もう一人のビートルズだったジョージ・マーティン、エマーソン・レイク&パーマー（ELP）の、ステージの上を変幻自在に飛び回ったキース・エマーソン。

四月にはプリンスが膨大な音源を遺《のこ》して亡くなり、世界中の夜空が紫色《パープル》に染まった。六月には、元ヘビー級チャンピオンで、ベトナム戦争に反対して兵役を拒否した、まるでロックスターのようだったモハメド・アリが、そして十一月には、レオン・ラッセル、リリィ、レナード・コーエン、そしてロックスターではないけれど、ゲバラと共に、音楽のように心に響く演説の名手だったキューバのフィデル・カストロが、この世を去った。

さらに十二月には、ピンクフロイドとならんでロックに新たな広がりを付与したキング・クリムゾンとELP、二つの孤高のバンドで、遥か彼方まで響き渡るような厚く伸びやかで艶っぽいヴォーカルとベース、さらには美しい音色のギターで私たちを魅了したグレック・レイク。ELPのステージで、連打連打のカールパーマーや八艘《はっそう》飛びの牛若丸のようなエマーソンとは対称的に、ステージの中央で仁王立ちになって彼が歌う姿は圧巻だった。グレック・レイクのヴォーカルがなければ、キング・クリムゾンもELPもありえなかった。さらにクリスマスに、大ヒット曲『ラスト・クリスマス』を歌ったジョージ・マイケルが53歳の若さで亡くなった。

そして新年も間近の暮れの28日に、映画『男と女』の演技と音楽で世界中にその名を知られた友人の自由人、シンガーソングライター、俳優、映像作家でもあったピエール・バルーがこの世を去った。まったくの自然体で歌う彼の歌は素晴らしく心に響いたが、加えて、自ら立ち上げたSARAVHレーベルをとおしてピエールは、ブリジット・フォンテーヌやナナ・バスコンセロスやビーアをはじめ、多くの卓抜した才能を世界中から、ジャンルを超越して発見して世に送りだした。

ビッグビジネスの対極にある、ピエール&アツコ・バルーのプライベート・レーベルSARAVHは、実に多くの、埋もれた才能や魅力的な音楽を世に知らしめ、私たちが触れあうアートの世界を広く豊かにしてくれた。

サラヴァ50周年記念展覧会やコンサートのために来日していたピエールとは十一月に会って、笑顔で別れたばかりだったけれど、散歩人を自称していたピエールであってみれば、天国に行っても、誰も気づかないような美を、いたるところで見つけ、何らかのかたちで、それを私たちに気付かせてくれる、と思う。

誰だっていつかは死ぬ。しかし、それにしても……。

主よ、私はここにいます
もう準備はできています。

車椅子に坐ってレコーディングを続け、死の直前に、彼の最高峰ともいうべき、遺言のようなアルバムを仕上げた、すでに死期を覚悟したレナード・コーエンの言葉。

しかしこの歌は、単なるサヨナラの歌ではない。この世を儚《はかな》む歌でも、誰かを攻撃する歌でも諭《さと》す歌でもない。そこにあるのは、自分と人類の今とを見つめる透きとおった眼。どうしようもない愚劣なゲームから、私はもう降りたよという、静かだけれど強い、レナード・コーエンの確かなつぶやき。

ある物語のなかにひとりの恋人がいるとして
でも、物語はどれもみんな同じ。
それって
苦しませるための子守歌ってことだよね。
罪を負わせるための仕掛けってことだよね。
みんな旧約聖書に書いてあるよね。
それってたぶん、ばかげた無理強い。
もっと暗くなればいいと思っているんだねあなたは。
いっしょに命の炎を消そうってことだね。

囚人には、囚人となるべき理由があって
看守たちは、そいつをどうしようかと話しあっていて
私は悪魔やなんかとやりあってきた。
みんな飼いならされた普通の人たち。
ただ、人を殺したり傷つけたりする許可を
私が持ってたなんて知らなかった。

もっと暗くなればいいと思っているんだねあなたは。

二〇一六年は、何か特別な年だったのだろうか、何かの終わりなのだろうか、それとも始まりなのだろうかと、つい想ってしまうほど、多くの優れたアーティストたちがこの世を去った。

しかしこの年はまた、ロックの先駆者たちが、こぞって自分たちとロックの原点を、新たに世に示した年でもあった。

まずは、ますます元気なローリング・ストーンズが、キューバのハバナでライブを行ない、十二月には、初めてのブルースだけのアルバムを、彼らが最初にレコーディングしたロンドンのスタジオで、たった三日でつくりあげた。

それは明らかに、自分たちがどこから歩きはじめたバンドなのかを自覚し、若い人たちにも示すための、明日を見据えた原点回帰。それにはエリック・クラプ

トンも参加した。

またビートルズが64、65年にアメリカのハリウッドボウルで行なったライブの模様を収めた、ビートルズ初のライブアルバム『The Beatles at Hollywood Bowl』がリリースされ、その当時のドキュメンタリー映画も公開された。

当時のビートルズのステージでの演奏は、ほとんど少女たちの悲鳴しか聞えないという、凄まじい状態のなかで行われたが、ジョージ・マーティンの努力によってノイズが除かれたCDを聴けば、おそらく歓声でモニターなどなにも聞こえないなかで行われたにもかかわらず、ビートルズは実にスピード感溢れる見事な演奏を展開していて、彼らがパワフルなライブバンドだったことを再認識させた。


さらに、ノーベル文学賞をもらったディランが、一九六六年の、ザ・バンドと共に行なったツアーの音源を、なんと36枚ものCDに収めたボックスセットをリリースした。


当時ディランは、前半をアコースティックギター一本で歌い、後半を、フォーク信者たちからの批判が激しかったエレクトリック・セットで行なうという、挑発的なステージを続けていた。

この頃のディランとホークス（後のザ・バンド）の演奏は、怒濤のドラムの援護射撃《えんごしゃげき》を受けて勇者のように歌うディランの声が胸を打つ『ライク・ア・ローリングストーン』で有名なイギリスのマンチェスターでの演奏が示すように、これぞロックというべき果敢な前進力に満ちていた。この時のブーイングは凄まじく、しばらく演奏を始めることができなかった。ディランでさえ否定されることがある。しかし大切なのは、それに対してどう立ち向かい、そこからどこに向かって進むかだ。その状況のなかでディランは観客に向かって「お前たちは嘘つきだ」と敢然と言い放ち、観客を圧倒する歴史的な演奏を展開した。

半世紀にわたって敬愛し続けてきたディランがノー

ベル文学賞を受賞したという知らせを、私はたまたま、久しぶりに訪れていたイビサ島で知ったが、そのときまず脳裏に浮かんだのがこの演奏のことだった。

　このステージのようすは、一九九八年に、ブートレックシリーズ『Bob Dylan Live 1966 The "Royal Albert Hall" Concerrt』としてCD化されたが、この音源は66年の演奏からしばらくして海賊版の二枚組LPとなって出回り、私も横浜の輸入レコード店で手に入れ、それは長い間私の宝物、心の支えであり続けてきた。

　そんな時期のディランの演奏をまるごと収めたボックスセットであれば、誰もがいつでも、当時のディランとロックの一つのピークの時空をまるごと感じ取ることができる。これもまた、ディランならではの原点呈示。

　これを聴けば、会場も録音状態もさまざまで、なかには音響設備が劣悪で、演奏中、PAがずっとハウリングを起こしているような場所もあるが、そんな環境の中でも、ディランが律義に、ちゃんと歌い続けてきたことがよくわかる。若い頃にこのボックスセットを聴きたかったとさえ思う。

　こうして並べてみれば、まるでロックの先駆者たちが、自分たちの原点を若い人たちに向かって示しながら、さあ、もういちど始めよう、と言っているように感じる。だってロックが歌のかたちで掲げた無数の旗は、今なお、輝きを失っていないばかりか、彼らの表現《メッセージ》したことは、さらに重要性を増している。目指したことだって、ほんのわずかしか実現していない。だから、こんな時代になってしまった今こそ、新たな時代に向かう風を大きくはらんで、新たにはためいていいと思える。

　多くのロックミュージシャンたちがすでに亡くなってしまったけれど、でも考えてみれば、彼らがあの世に行ったからといって、なにも、彼らがつくった歌やレコードやCDや音源や映像を、天国に持って行ってしまったわけじゃない。

それらはみんな地球の上に、わたしたちのまわりにある。それらはみんな、彼らが時代や社会のなかで、友や恋人と共に、自らの今を懸命に生きた証。

彼らが遺《のこ》し、そして今もつくられ続けているロックの愛歌は、人や社会や人生を愛し、自分や誰かを含めたみんなが、今よりすこしでもマシになることを願って歌われた、人が生きる場所の今と明日と、そこにあっていいはずの美を愛する歌。

明日は自分たちの手でつくれるはずだと思いながら、人生を愛し、懸命に生きることとの優れた手本。

そんなお手本のような宝物が、私たちのまわりにはいっぱいある。それらを、私（たち）がちゃんと受け止めて、自分（たち）の今や明日に活かすことができなかったとしたら、レナード・コーエンの歌の言葉をかりれば、恥ずかしい。

彼らのようにはとてもできはしないだろうけれど、せっかく生まれてきて、多くの人のたすけのなかで生きてきたのだから、もうすこし、彼らをみならって懸命に生きたい。

一人ひとり、そのつどそのつどの今と明日を大切にして、自分とまわりをちゃんと見つめれば、そこに美を見つければ、もしかしたら歌の一つくらいはつくれる、あるいは、誰かの心のなかに、美しい記憶の一つくらいはのこせるはず。ロックの愛歌の半世紀を見つめなおした今、なぜか素直にそう想う。ロックの愛歌は、それを聞く者の心をやわらげ慰めるためだけにあるのではない。

解説　音羽信とロックの愛歌

谷口江里也

　本書は、一九七〇年代の初めに横浜で活動したシンガーソングライター音羽信が、彼の愛するロックの歌の中から、彼の心身と深く触れあい、強い影響を与えた、さまざまな愛をテーマにした歌を年代順に選び、彼が感じ取った歌の心を記したものである。

　あたりまえだが、誰だって生きて行くうちには、良いことや悪いこと、そうでないこともたくさん経験する。そして明日には、どんなことだって起こり得る。だとしたら、少しでも素敵な明日につなげられるように今を生きたい。音羽信が信じているのは、少なくとも信じたいと思っているのは、そんな、ロックがロックであるための基本ともいうべき、前を向いて生きるという、チャレンジング・スピリッツであり意志である。

　人は何かにつけて歌を歌う。悲しみを半分に、喜びを倍にするために。想いを誰かと分かちあうために。あるいはなにかを記憶し続けるために。さらには、今という時をより楽しいものにするために、人は一人で、あるいはみんなと一緒に歌を歌い、歌を聞く。

　それは感じやすい心身を持った人間の、最も豊かな表現のひとつだが、それに加えてロックは、私たちが生きている社会とそのありようは、あくまでも人がつくったものであって、関わりかた次第で変えていけるもの、よりよくしていけるはずのものなのだということを示した。

北陸の加賀で生まれ育った音羽信は、中学生のころにラジオから流れてきたディランやビートルズやストーンズを聴いて、たちまち心を奪われた。夜な夜な必死にラジオにかじりつき、英話を勉強するために買ってもらったテープレコーダーに録音してロックを聴いた。

ビートルズたちは、当時の大人たちの顰蹙《ひんしゅく》をかいながらも、自らのやり方を推し進め、すさまじい勢いで自らを変化させながら、新たな歌をつくり出し、後に続く者たちも次々に登場し、一緒になって、服装や髪形やライフスタイルを含めた、社会の景色や価値観の総体を、瞬く間に変えていった。音羽信は、そんな変化をリアルタイムで体感した。

やがて音羽信は横浜の大学に行くが、60年代の末期は、日本中に全共闘運動が吹き荒れた時代であり、彼が入学した横浜国立大学も、そんな現実に直面していた。

産業化が進行し、高度成長の勢いの中で、学ぶということの意味や、どう生きていくかということや、自分たちが生きていく社会を、これからどのようなものにするかといったこととは無関係に、古い知識と従順を強要する旧態然とした大学とそのあり方に異議を唱える学生を、国や大学は権力的に強引に押さえ込もうとし、それに抗する学生の意思表明運動が日本中で起きていた。

単にロックが好きな若者でしかなかった音羽信も、多くの学生たちと同じように、教授たちのあまりのふがいなさに呆然とし、機動隊という問答無用の形で立ち現れてくる国家の姿に憤慨《ふんがい》して、学生たちが築いたバリケードの中に入った。

日本はその頃、政治的な大転換期にあり、ベトナム人を無差別爆撃する超大国のアメリカに急接近していたが、政治的なことはともかく、ロックに胸をときめかせ、ロックに育てられた音羽信は、古くて権力的な大学や国の姿に、あまりにも大きな違和感、感覚的ギャップを感じた。

バリケードのなかでは、さまざまな集会も行われたが、演劇やロックコンサートなども行われ、詩が好きだった音羽信は、信頼できると感じた詩人や知識人やアーティストを、バリケードの中に招いてティーチ・インを開いたりもした。

しかし、象徴的には東大の安田砦が落城したのを境に、国家権力は圧倒的な力で大学を支配下に置き、全共闘運動を鎮圧《ちんあつ》してしまった。大学は機動隊によって逆封鎖され、自分たちの力では結局、何も変えられなかった学生たちの間には無力感が漂い、未来とつながっていたはずの言葉は力を失い、どこにも届かなくなってしまったようにも感じた。

音羽信が、自分で歌をつくり、親しくしていた横浜のロック喫茶などで歌い始めたのはその頃だった。ギターの音色やリズムと共に発せられる言葉だけが、どこかへ届くように感じられた。というより、その頃の音羽信にとって、そうして声を出して歌うことだけが、わずかに確かさを感じられる何かであり、遠いところで息づいているロックと自分をつなげる手段だった。

やがて音羽信は、そのようにして一九六九から一九七二年頃につくった歌を『わすれがたみ』という一枚のLPレコードにするが、それは彼にとって、そのタイトルが示すように、彼が体感した一つの時代への鎮魂歌でもあったのだろう。その後、音羽信はスペインに渡り、バルセロナからイビサ島に移り住んで、横浜の音楽シーンから姿を消した。

不思議なことに『わすれがたみ』は、それから三五年も経ってからCDとして再発され、その結果、『OTOWA SHIN2』という、スペインに旅立ったために録音されることのないままになっていた歌を新たに録音した、三五年ぶりのセカンドアルバムまでリリースされることになった。

こうした経歴と重ね合わせて見る限り、音羽信が歌をつくるのは、彼が時との触れ合いの中で感じた何かを、どんなに儚《はかな》くても、たとえ一瞬でもそれが確かに存在したということを、時に代わって形にしてのこす一つの儀式のようなものであって、そうやって彼の心身をつかって歌という形にするということに主な意味があるようにも思われる。

発表したりコンサートをすることに音羽信がそれほど執着《しゅうちゃく》しないのは、おそらくそのためかもしれない。横浜で歌を歌っていた頃、彼が最も好んだ演奏スタイルは、友人のロック喫茶に、ギターを持ってふらりと現れ、気が向いた時に何人かの客を相手に、つくったばかりの歌を歌うことだったというのも、そんな感覚の表れかもしれない。

おそらく音羽信にとって歌は、親しい人たちに聴かせる大切な何かであり、あるいは遠く遥かな、姿は見えないけれども、どこかには、きっといると思える友と語り合うものとしてあるのだろう。

ロックは、そんな幻想の友を世界中に育ててきたし、現にバルセロナでもイビサでも、音羽信はロックのおかげで、さまざまな人々と、国籍を超え年齢を超えて親しくなった。

中には、軍事政権になって国を追放された同世代のチリ人や、世界的な画家や写真家や建築家、クレイジーだけれどもシンプルな心根《こころね》のヒッピーや大金持ちや、いつでもまるでファッションモデルのような格好をして街中を歩くおねえさまや、最先端のロックを流すミュージックバーやクラブディスコのオーナーなどもいた。

そんな経験を持つ音羽信が、六二年のディランの『朝日のあたる家』から、二〇一六年のレナード・コーエンの『You Want it Daker』まで、彼が愛したロックの愛歌とその心を、それが生まれた時とともに記した本書は、時代の風と共につくり出されて地球的な共通言語ともなった、そして彼を育てたロックの名歌と、それを生み出した心に対する、彼なりの感謝の表れなのかもしれない。

加えてそこには、長い間日本を離れてイビサで暮らした音羽信だからこそ感じる、日本の今に対する違和感が関係してもいるだろう。彼は常々、愛するロックが日本では、彼や海外のソウルブラザーたちが体感しているようなものとしては受け取られていないように見えるのはどうしてだろうという疑問を感じているからだ。

彼が敬愛するロックのつくり手たちは、本書の歌たちにみられるように、スーパースターであろうとなかろうと、それぞれが生きる時空のなかで、そのつど一人の人間として真摯《しんし》に言葉を発し、自分と社会の人々に向けて、美しく誠実に語りかけてきた。それがもし、ちゃんと届いていないとしたら、そんな悲しいことはない。

ロックは、若者には無限の可能性があり、ちゃんと自分や自分を取り巻く現実を直視して歌をつくれば、世界中に友をつくれることを実証したし、その表現の方法や対象は無限であって、その美しさや愛の形の多様性こそが人間の素晴らしさなのだということを教えてくれた。本書に収められた素晴らしい愛歌の数々は、時と共に生み出された、そんな素晴らしい夢の軌跡にほかならない。

ところで、この原稿を書いている最中に、２０１６年度のノーベル賞の授賞式が、ストックホルムのコンサートホールで行なわれた。ノーベル文学賞を受賞したボブ・ディランは出席できなかったけれども、会場でディランの受賞が告げられた後、パティ・スミスがディランに代わって『A Hard Rain's A-Gonna Fall』を歌った。

ところが、ディランがニューヨークでデビューした頃から彼を知り、ディランに憧《あこが》れてアーティストの道を目指した彼女であってみれば、いろんな記憶や想いが重なりあって感極まったのだろう。パンクの女王とまで呼ばれ、ロックの世界では、歴戦の勇者ともいうべきパティ・スミスが、歌の途中で二度も言葉をつまらせた。それでも、一つひとつの言葉を丁寧《ていねい》に噛みしめながら最後まで歌い切ったパティ・スミスの『A Hard Rain's A-Gonna Fall』は素晴らしかった。そこにはディランと彼の歌を敬愛する、一人のピュアーなアーティストの、嘘の無い、真摯《しんし》な姿があった。

さらに、授賞式のあとのパーティで、ボブ・ディランから送られてきたメッセージが読み上げられた。それもまた人間性に溢れた、いかにもディランらしいメッセージだった。

メッセージの原文は、公式ウエッヴサイト『www.Nobelprize.org』で読むことができるけれども、敬愛するボブ・ディランのノーベル文学賞受賞を祝して、ここに、私なりの訳文を掲載します。

みなさま今晩は。スウェーデンのアカデミーのメンバーの方々、また今夜ご出席されている素晴らしい方々、すべてのみなさまに、私の心からのご挨拶をお送りいたします。

私自身がみなさまとご一緒できなかったことは残念です。けれども、私が今、心のなかでみなさまと共にいること、そして、このような名誉ある賞を頂けたことを、心から光栄に思っていることは確かです。まずそのことをわかっていただければと思います。

ノーベル文学賞をいただくというようなことは、私自身、これまで想像したこともありませんし、そんなことがありうるとも思いませんでした。

キップリング、バーナード・ショー、トーマス・マン、パール・バック、アルベルト・カミュ、ヘミングウェイ。若い頃から私はいつも、彼らのような、私にとって特別な価値があると思える作家に親しんできました。作品を読んで魅了されてもきました。

こうした文学の巨人たちのことは、教室で学びますし、世界中の図書館で読まれ、感銘を与え、その人たちのことはいつだって、尊敬の念と共に語られてきました。そのような人々の名前が連なるリストに、いま私の名が加えられるということについては、本当に言葉を失ってしまいます。

彼らが、あるいは彼女らが、ノーベル賞を授かるという栄誉のことを、受賞する前に考えていたかどうかはわかりません。でも私が想うに、世界中の、本を書く人であれ、詩を書く人であれ、戯曲を書く人であれ、そのような人たちは誰でも、心の奥底に秘密の夢を抱いています。でもそれはたぶん、あまりにも深いところにあるので、本人さえその存在に気付いていないような、そんな夢です。

ですから、たとえ私が誰かに、ノーベル賞をもらえるチャンスが、ほんのすこしだけれどもありますよと言われたことがあったとしても、私自身は、その可能性は、自分が月面に自分の足で立つ確率くらい低いと思ったでしょう。実際問題として、私が生まれた頃の数年間、この賞を受賞するに値すると判断されて賞をもらった人は、世界中に一人もいなかったのです。

そういうことを考えると、私があのような人たちの仲間に入るなんて、あり得ないことなのにと、思わざるを得ません。

この驚きが届いた時、私はツアー中でしたが、その知らせを聞いた私は、何分かのあいだ、何がなんだか分かりませんでした。そしてなぜか、かの偉大なウイリアム・シェークスピアのことを考えはじめました。私が想うに、彼は自分のことを戯曲家だと思っていたはずです。文学を書いているというような考えは、彼の頭のなかにはまったくなかったでしょう。彼の言葉は舞台のために書かれたものであり、話されるための言葉であって、読まれるためのものではありませんでした。

私が思うに、ハムレットを書いた時、シェークスピアは、それぞれ異なるたくさんのことを考えていたにちがいありません。

「この役にぴったりの俳優は誰だろう？」「舞台はどんな感じがいいだろう？」「舞台設定は本当にデンマークでいいんだろうか？」

彼のクリエイティヴなヴィジョンは、間違いなく、彼の頭の中にあったでしょうけれども、同時に、もっと世俗的なことを考えたり算段していたりしたでしょう。

「どこで資金を工面しよう？」「パトロンたちに良い席をちゃんと用意できるだろうか？」「頭蓋骨はどこで手に入れたらいいんだろう？」

つまり、シェークスピアの心から最も遠いところにあったのは、まちがいなく、「これは文学だろうか？」という問いだったでしょう。

歌を書き始めた十代の頃はもちろん、私のことが少しは知られるようになってからも、私の心からの願いは、私の歌たちが、遥か彼方にまで届いてほしいということだけでした。

私は自分の歌がコーヒーハウスやバーで聴かれたらいいと思っていましたし、しばらくすると、カーネギーホールとか、ロンドンのパラディウムのような場所でコンサートができれば、と思ったりもしました。私が現実的に想い描ける大望なんて、せいぜいレコードを出せるようになって、ラジオから自分の歌が流れてくるのを聴きたいということくらいでした。でも私にとってはそれは、とても大きな心のご褒美でした。レコードを作って、それがラジオで流れるのを聴くということは、わたしの歌が、それを聴いてくれるたくさんの人を得たということですし、それは自分がやりたいことを続けていけるということを意味します。

ともかく、そうして私は、自分がやりはじめたことを長い間、ずっと続けてきました。すでに何ダースものレコードをつくりましたし、世界中で、何千ものコンサートをやってもきました。けれども、私が自分で行なうあらゆることの中で、歌は常に、私が生きていくうえで、なくはならないものでした。

私の歌たちは、いまでは文化の違いをこえて、多くの人々の暮らしのなかに居場所を見つけることができたような気がします。私にとってそれは、とてもありがたいことです。

ただ、一つだけ言っておかなくてはならないのは、パフォーマーとして私は、5万人の人々に向かって歌ったことも、50人の人々に向かって歌ったこともありますけれど、50人に対して歌う方が、5万人に向かって歌うより、ずっと難しいということです。

5万人の人というのは、いわば、一風変わった一つの人格のようなものです。でも50人が相手だとそうはいきません。そこにいるのは、一人ひとりの個人、それぞれ違う個人で、みんな違う世界観や価値観を持っています。その人たちの理解はよりクリアーです。ですからそこでは、正直さと、そして歌が、自分のオ能の最も深い部分とちゃんとつながっているかどうかが試されます。

ですから、ノーベル賞の委員会メンバーの人数が、とても少ないということは大切なことだと、私は感じます。

ともあれ、シェークスピアのように、私も、なにかを創りだす努力をしている時、同時にいつも、さまざまな、生きていくうえでの雑多なことをあれやこれやと算段しています。

「この歌にいちばん適したミュージシャンは誰だろう?」「レコーディングスタジオはここでいいんだろうか?」「この歌のキーはこれでいいんだろうか?」

四百年前であろうと今であろうと、こうしたことは何も変わりません。

私はこれまで自分に、「私の歌は文学なのか?」という問いかけをしようと想ったことは一度もありません。ですから私は今、そのような大変な問いについて話し合うための時間をとっていただき、そして最終的に、このような素晴らしい答えをもたらして下さったスエーデンのアカデミーの方々に感謝いたします。

みなさまのご多幸を心からお祈りいたします。

ボブ・ディラン

おとわ しん

７０年代の前半にシンガーソングライターとして活動し、多くの個性的なミュージシャンたちを輩出した横浜のロックムーヴメントの興隆に寄与した。1974年に久保田麻琴、藤田洋介、恩蔵隆たちと共に『わすれがたみ』を録音、1975年に自主制作LPレコード・アルバムとして発表。その後スペインに旅立ち、イビサ島に居住して横浜の音楽シーンから姿を消したが、21世紀に入ってから『わすれがたみ』が、アシッド・フォークの名盤として世界的に知られるようになり、2007年にディスク・ユニオンによってCD化。2010年に35年ぶりのセカンドアルバム『OTOWA SHIN 2』も発売された。音羽信は音楽や本や建築や街や社会や時代など、広い意味での空間とその変化のダイナミズムに強い関心をもち、谷口江里也の名で多くの著述や建築空間創造などを行なっている。主な著書に『ドレの神曲』『ドレの失楽園』（以上宝島社）、『空間構想事始』『鏡の向うのつづれ織り』（以上エスプレ）、『ドレのロンドン巡礼』（講談社）、『イビサ島のネコ』『天才たちのスペイン』『旧約聖書の世界』『視覚表現史に革命を起した天才ゴヤの版画集１～４集』（以上未知谷）など。主な建築空間創造に《東京銀座資生堂ビル》《ラゾーナ川崎プラザ》《レストランikra》《軽井沢の家》などがある。

愛歌《あいか》

ロックの半世紀

2017年1月20日印刷
2017年2月10日発行

著者　音羽信
発行者　飯島徹
発行所　未知谷
東京都千代田区猿楽町2丁目5-9　〒101-0064
Tel. 03-5281-3751 / Fax. 03-5281-3752
［振替］　00130-4-653627
組版　柏木薫
印刷所　ディグ
製本所　難波製本

Publisher Michitani Co. Ltd., Tokyo
Printed in Japan
ISBN978-4-89642-519-2　C0095